OUTRAS HISTÓRIAS DE

SHERLOCK HOLMES

"Sherlock está muito bem e vivo dentro deste livro!"

– J. Michael Straczynski,
criador de *Babylon 5*, roteirista de *Thor*,
Guerra Mundial Z e *A Troca*, de Clint Eastwood

Pixel

OUTRAS HISTÓRIAS DE

SHERLOCK HOLMES

O DEMÔNIO DE LIVERPOOL

Roteiro Leah Moore
John Reppion
Ilustrações Matt Triano
Cores Brennan Wagner

Dedicado a Sir Arthur Conan Doyle

“Ele tem poucos amigos. E um número menor de pessoas próximas. Um irmão no governo. Nenhum outro familiar conhecido.”

“E, tirando partido da vantagem de um observador imparcial, posso dizer que ele é um enigma tão inescrutável quanto os indícios que decifra tão prontamente.”

“Observo esse detetive e o examino um pouco mais. Contudo, apesar da minha reconhecida aversão a mistérios, vejo que minha mente é incapaz, ou talvez não esteja disposta, de desistir do enigma sempre presente em todos os meus pensamentos...”

“Quem é esse Sherlock Holmes?”

– Dr. John Watson

O DEMÔNIO DE LIVERPOOL

PARTE 1: O DEMÔNIO

ARTE: FRANCESCO FRANCAVILLA

DOCAS DE LIVERPOOL, AGOSTO DE 1888.
EI, DÁ PRA OLHAR POR ONDE ANDA?
DIGO EU!

BLAM
BLAMM
ungggh
SQUAAK
SQUAAK

UMA CORDA!
PELO AMOR DE DEUS, JOGUEM UMA CORDA!
PEGUEI! PEGUEI!
LAMENTO DESAPONTÁ-LOS, GUARDAS...
MAS TEMOS UM BARCO PARA PEGAR.
BLAMM

ACONSELHO QUE VOCÊS FIQUEM BEM QUIETINHOS.
O DR. WATSON AQUI PREFERE SALVAR VIDAS A TIRÁ-LAS.
SEU IDIOTA!
MINHA MÃO! MINHA MÃO!
FICO FELIZ QUE VOCÊ, FINALMENTE, ESTEJA AQUI. QUANDO A PRANCHA DE EMBARQUE SUBIU SEM VOCÊS A BORDO, BEM... PENSEI O PIOR!
VEJO QUE VOCÊS FORAM, DE FATO, RETARDADOS PELA POLÍCIA LOCAL.
SEU NOVO AMIGO DEVE SER BEM MENOS DISCRETO DO QUE VOCÊ, HEIN, SRA. BICKERDYKE?
EMBORA, CLARO, VOCÊ NÃO SEJA A SRA. BICKERDYKE, CERTO?
SNIK
SNIK
SNAKK
AAAAAH!
A-HA! A NAVAJA, UMA FACA ESPANHOLA MUITO ESPECÍFICA. LI SOBRE ELA NO "MANUAL DEL BARATERO", É CLARO!
EU DEVIA CONHECÊ-LA SÓ PELO SOM.
VOCÊ CHEGOU NO NAVIO COMO FRÄULEIN STOLLER.
VIAJOU NO PORÃO DE CARGA COM UMA REMESSA DE POTÁSSIO, QUE MANCHOU O SEU VESTIDO.
O MESMO VESTIDO ENCONTRADO NO CORPO DA SRA. BICKERDYKE.

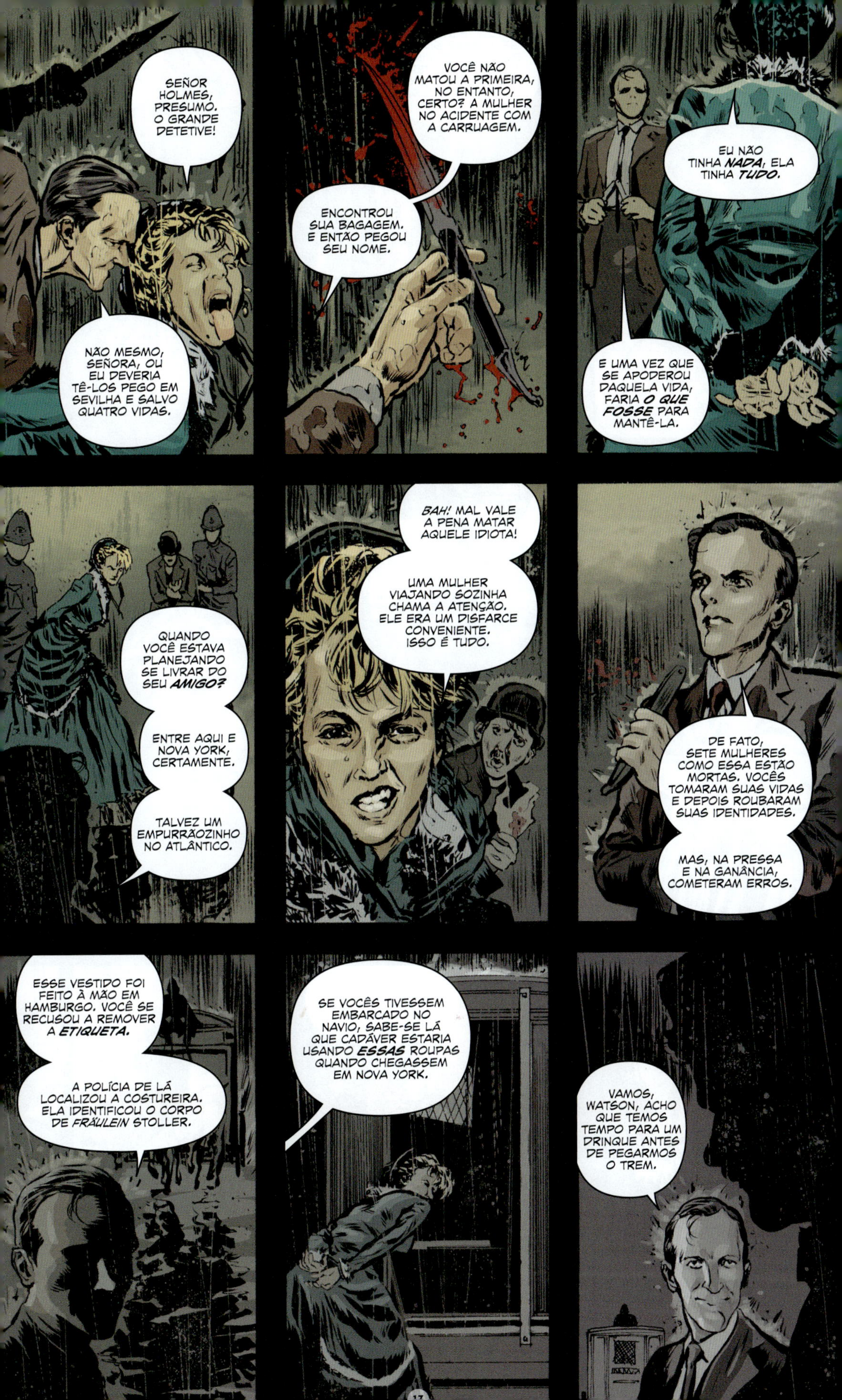
SEÑOR HOLMES, PRESUMO. O GRANDE DETETIVE!
NÃO MESMO, SEÑORA, OU EU DEVERIA TÊ-LOS PEGO EM SEVILHA E SALVO QUATRO VIDAS.
VOCÊ NÃO MATOU A PRIMEIRA, NO ENTANTO, CERTO? A MULHER NO ACIDENTE COM A CARRUAGEM.
ENCONTROU SUA BAGAGEM. E ENTÃO PEGOU SEU NOME.
EU NÃO TINHA NADA, ELA TINHA TUDO.
E UMA VEZ QUE SE APODEROU DAQUELA VIDA, FARIA O QUE FOSSE PARA MANTÊ-LA.
QUANDO VOCÊ ESTAVA PLANEJANDO SE LIVRAR DO SEU AMIGO?
ENTRE AQUI E NOVA YORK, CERTAMENTE.
TALVEZ UM EMPURRÃOZINHO NO ATLÂNTICO.
BAH! MAL VALE A PENA MATAR AQUELE IDIOTA!
UMA MULHER VIAJANDO SOZINHA CHAMA A ATENÇÃO. ELE ERA UM DISFARCE CONVENIENTE. ISSO É TUDO.
DE FATO, SETE MULHERES COMO ESSA ESTÃO MORTAS. VOCÊS TOMARAM SUAS VIDAS E DEPOIS ROUBARAM SUAS IDENTIDADES.
MAS, NA PRESSA E NA GANÂNCIA, COMETERAM ERROS.
ESSE VESTIDO FOI FEITO À MÃO EM HAMBURGO. VOCÊ SE RECUSOU A REMOVER A ETIQUETA.
A POLÍCIA DE LÁ LOCALIZOU A COSTUREIRA. ELA IDENTIFICOU O CORPO DE FRÄULEIN STOLLER.
SE VOCÊS TIVESSEM EMBARCADO NO NAVIO, SABE-SE LÁ QUE CADÁVER ESTARIA USANDO ESSAS ROUPAS QUANDO CHEGASSEM EM NOVA YORK.
VAMOS, WATSON, ACHO QUE TEMOS TEMPO PARA UM DRINQUE ANTES DE PEGARMOS O TREM.

SMASH
RELICS ... AUSTRALIA ... WILLIAM BRO... MUSEUM
ESTOU TE DIZENDO, SE TIVESSE SIDO O DIA DO JUÍZO FINAL, VOCÊ JAMAIS TERIA ESCAPADO CHEIO DE ARRANHÕES.
É FÁCIL PARA VOCÊ DIZER "ESCAPADO"! EU DARIA UM BICO NESSA GERINGONÇA ANTES DE PEGAR O BABACA!
E AGORA, VAMOS ACHAR UMA BIROSCA OU NÃO? ESTOU COM UMA SEDE TERRÍVEL, CAMARADA...
CERTO. É MELHOR IRMOS ANDANDO, NÉ? NÃO QUERO QUE TODA A CERVEJA ACABE ANTES DE CHEGARMOS LÁ!
É MELHOR QUE NÃO. ESTOU CUSPINDO PENAS AQUI...
...DUVIDO MUITO QUE VOCÊ CONSIGA LEMBRAR DE ALGUMA COISA!
NÃO TENHO QUE OUVIR VOCÊ! *NÃO* TENHO QUE FAZER NADA.
ESSA, SENHOR, É A MINHA PALAVRA FINAL SOBRE A QUESTÃO.

O QUE HÁ, COLEGA?
TRAZENDO DESGRAÇA PRA QUEM TEM O QUE FAZER?
FIQUE SABENDO, MEU VELHO, ESSE É O *NOSSO* TRABALHO...
ORA, CAVALHEIROS, NÃO FAÇAM ASSIM...
DAVA PARA POUPAR O COROA AQUI E DAR UMAS MOEDAS PARA EU TOMAR UM GORÓ?
ACHO QUE NÃO DÁ, CAMARADA. NÃO CREIO QUE TENHAMOS NEM AO MENOS UM NÍQUEL...
VOCÊ ESTÁ PEDINDO ISSO PARA OS CARAS ERRADOS, NÃO ACHA?
UGH!
EU TE DARIA UM CHUTE, MAS NÃO COMPENSA SUJAR AS MINHAS BOTAS COM UM SUJEITO GAGÁ COMO TU.
VOCÊ VIU A CARA DO INFELIZ? ACHO QUE ELE SE MIJOU TODO...
VAMOS PARA O PUB? ESTOU SEDENTO!

HOTEL GREAT NORTH WESTERN
"...REALMENTE VEJO COMO ELA PODERIA ESPERAR QUE EVITARIA AS CONSEQUÊNCIAS POR QUALQUER PERÍODO DE TEMPO."
"QUER DIZER, ELA NÃO PODERIA CONTINUAR MATANDO."
MEU CARO WATSON, ELA SÓ TINHA QUE ENCONTRAR AQUELA VÍTIMA PERFEITA EM MEIO AOS SEUS DILETOS PASSAGEIROS, OU NÃO TERIA TIDO ***NECESSIDADE*** DE PROSSEGUIR.
COM LICENÇA, SENHORES.
ESTOU COM O PACOTE QUE VOCÊ PEDIU PARA O FARMACÊUTICO, SR. HOLMES.
AH, EXCELENTE! MUITO OBRIGADO!
NÃO PRECISA ME OLHAR TANTO ASSIM. É APENAS TINTURA DE IODO E UM CURATIVO PARA O MEU BRAÇO.
MEU MÉDICO SE ESQUECEU DE TRAZER A MALETA, VOCÊ SABE.
MAS AGORA... A QUE HORAS TEMOS QUE PARTIR PARA LONDRES?
O PRÓXIMO TREM SAI ÀS DUAS E QUINZE, O SEGUINTE ÀS QUINZE PARA AS TRÊS.
O SEGUNDO DEVE NOS DEIXAR LÁ ANTES DAS DEZ.

MUITO BEM, SUPONHO QUE TEREMOS QUE JANTAR NO TREM.
É MELHOR MANDAR UM TELEGRAMA PARA A SRA. HUDSON, PARA QUE ELA SAIBA QUANDO CHEGAREMOS EM CASA.
VOCÊ PODE FAZÊ-LO QUANDO ESTIVERMOS ARRUMANDO AS MALAS.
A-HÃ EU MEIO QUE ESTAVA ESPERANDO QUE VOCÊ ME DESSE UMA MÃO.
AQUI ESTÁ, NOVO EM FOLHA!
EXCELENTE TRABALHO, SENHOR! OBRIGADO!
MEU DEUS! O CÉU ESTÁ DESABANDO!
ACREDITO QUE POR AQUI A EXPRESSÃO SEJA *"CAINDO UM PÉ D'ÁGUA"*.
COM LICENÇA, SENHOR, DESCULPE. MEU NOME É DENBY.

PERDÃO, MAS CREIO JÁ TER VISTO A SUA FOTO NOS JORNAIS. AQUELA HISTÓRIA EM SUSSEX?
ESTOU ME DIRIGINDO AO SR. SHERLOCK HOLMES?
EXATAMENTE, SR. DENBY.
O QUE SIGNIFICA QUE VOCÊ *É* VOCÊ! JOHN WATSON! QUE VIVE E RESPIRA COMO EU!
DENBY? NÃO... DANIEL DENBY?
O MESMO! E AGORA VOCÊ ESTÁ AUXILIANDO O DETETIVE MAIS FAMOSO DO MUNDO!
BEM, ISSO É EXTRAORDINÁRIO! NÃO TE VEJO DESDE...
72. EU DESMAIEI QUANDO TRABALHAVA NAQUELE CADÁVER, VOCÊ SE LEMBRA?
PERMITA-ME APRESENTAR MEUS COLEGAS. ESSE É O SR. FALLON...
...E O SR. LECK.
NÃO TIVE COMO NÃO OUVIR QUE VOCÊS ESTÃO PLANEJANDO VOLTAR PARA LONDRES NO TREM DE TRÊS E MEIA.

É UMA VERGONHA VOCÊ VIR ATÉ AQUI E TER QUE ENCARAR UMA REFEIÇÃO NA FERROVIA!
POSSO SUGERIR QUE VOCÊ ATRASE A SUA PARTIDA POR UMA HORA OU DUAS PARA QUE POSSAMOS LEVÁ-LOS PARA JANTAR?
AH, BEM...
VAMOS, JOHN, EU INSISTO. VOCÊS AINDA VÃO PODER PEGAR O TREM PARA LONDRES ESTA NOITE.
HÁ UM EXPRESSO QUE OS LEVA DE VOLTA À CAPITAL ANTES DA MEIA-NOITE.
PODEMOS JANTAR NO MEU CLUBE. NÃO FICA MUITO LONGE DE TÁXI E ELES TÊM UMA SELEÇÃO BASTANTE RAZOÁVEL DE SCOTCHES.
VOU MANDAR UMA MENSAGEM PARA GARANTIR QUE ELES ESTEJAM COM TUDO PRONTO.
BEM, O QUE VOCÊ ME DIZ, HOLMES?
DENBY E EU ESTUDAMOS JUNTOS NA UNIVERSIDADE... E, HÃ... NÃO HÁ NADA NOS APRESSANDO PARA VOLTAR.
COMO PODEMOS RECUSAR?
DE FATO, COMO?

PEEEEEP
PEEEEEEEP
YAAAH!
ARREBENTEM! ARREBENTEM O DESGRAÇADO!
FAÇAM! FAÇAM JUSTIÇA!
TOMA, SEU MISERÁVEL!
DETONEM O SAFADO! DETONEM!
AAAARGH!
DEIXEM-NO NO CHIQUEIRO! NO CHIQUEIRO!
ABRAM CAMINHO! OU QUEREM UMA LASQUINHA?
MEU DEUS, FLYNN, O QUE FIZERAM COM VOCÊ?
MALDITOS...

VOCÊ ME OUVE, FLYNN? ESTÁ AÍ, SEU LESADO?
ELES DERAM O FORA, GUARDA... NA DIREÇÃO DA *RUA TITHEBARN!*
HAVIA SEIS DELES... NÓS OS VIMOS AGREDINDO!
ERAM TODOS JOVENS, GUARDA, TODOS OS CINCO!
SE ALGUM DE VOCÊS QUISER FICAR AQUI UM TEMPO, FICAREI FELIZ EM AJUDÁ-LOS A LEMBRAR DOS EVENTOS CONFORME ACONTECERAM.
PARECE QUE O POLICIAL FLYNN AQUI TOMOU UMA COÇA DE UNS CARAS BEM DURÕES.
BASTARIA UNS POUCOS SUJEITOS PARA DAR CONTA DELE, NÃO?
O POLICIAL FLYNN POR CONTA ***PRÓPRIA***.
FOI CULPA DELE! POLÍCIA SUJO!
NÃO ***DEVIA*** ESTAR AQUI!
AH, ELE NÃO ESTÁ, CERTO?
BEM, TALVEZ VOCÊ POSSA FICAR POR PERTO E EXPLICAR POR UM TEMPO.
ACHO QUE EU GOSTARIA MUITO DISSO.

SÓ TENHO QUE PEDIR DESCULPAS PELO TEMPO, SR. HOLMES, DR. WATSON. QUE NOITE TERRÍVEL!
DE DEIXAR QUALQUER UM ARREPIADO, HEIN? UMA NOITE TÍPICA PARA ATRAIR DEMÔNIOS E FANTASMAS.
TALVEZ TODOS DEVÊSSEMOS DAR AS MÃOS... *"TEM ALGUÉM AÍ?"*
BEM, EU NÃO ACHO ENGRAÇADO, SR. DENBY. NEM UM POUCO!
HÁ MUITO MAIS COISAS NO CÉU E NA TERRA QUE... QUE PODEM SER IMAGINADAS...
MUITO MAIS COISAS! NÃO É, SR. HOLMES?
HEIN? SR. HOLMES?
HMMM.
OH.
"HÁ MAIS COISAS NO CÉU E NA TERRA, HORÁCIO, DO QUE SE SONHA EM SUA FILOSOFIA."
HAMLET. PRIMEIRO ATO. QUINTA CENA.

AQUILO QUE *PARECE* INEXPLICÁVEL, SOBRENATURAL... ESSE É O MEU TRABALHO, SENHOR!
E EU NUNCA ENCONTREI NENHUM MAGO, DEMÔNIO OU ESPÍRITO RUIM.
O IMPOSSÍVEL É MERAMENTE UMA DISTRAÇÃO PARA OS FATOS VERDADEIROS.
MAS, COM CERTEZA, VOCÊ CONCORDA QUE MÉDIUNS, HÃ... CLARIVIDENTES E COISAS DO TIPO POSSUEM ALGUNS PODERES, SR. HOLMES?
NÃO DUVIDO QUE UM MÉDIUM TENHA TALENTO, MAS SUGIRO QUE SE TRATE DE UM TIPO MAIS PROSAICO.
POR EXEMPLO, SE UMA MÉDIUM FOSSE ENCONTRAR OS SENHORES, ELA PODERIA DIZER QUE ESTAVA FALANDO COM UMA FALECIDA TIA VIRGEM SUA...
TALVEZ A SUA, SR. DENBY, LHE DIGA QUE VOCÊ SOFREU UM GRANDE TRAUMA QUANDO ERA CRIANÇA... UM ACIDENTE COM UMA CARRUAGEM, TALVEZ?
...E QUE LEVOU ANOS PARA QUE VOCÊ SE RECUPERASSE.
A SUA TIA MORTA PODERIA LHE PERGUNTAR, SR. LECK, COMO VOCÊ DESFRUTOU DE SUA VIAGEM A YORK NA SEMANA PASSADA, APESAR DO TEMPO RUIM QUE PEGOU?
MEU DEUS!
E A SUA TIA MORTA, SR. FALLON, PODERIA FELICITÁ-LO PELO SEU CASAMENTO RECENTE COM A SUA BELA E MUITO *JOVEM* ESPOSA, A QUEM VOCÊ ADORA.
FANTÁSTICO!

NÃO FORAM ESPÍRITOS DO ALÉM QUE ME ENVIARAM ESSAS MENSAGENS.
O SR. DENBY SE SENTA DE UM JEITO ESQUISITO, O QUE SUGERE UMA ANTIGA FRATURA NO QUADRIL, QUE, OPERADA DE FORMA INCORRETA, ACABOU CICATRIZANDO LENTAMENTE.
OS SAPATOS DO SR. LECK APRESENTAM RESÍDUOS DE QUEM ANDOU NAS PEDRAS MOLHADAS DE YORK.
O SR. FALLON USA UM COLETE E UM CACHECOL MUITO ELEGANTES, MAIS ADEQUADOS A UM SUJEITO DEZ ANOS MAIS NOVO QUE SEU FILHO CAÇULA.
SEU ANEL DE CASAMENTO NÃO TEM MARCAS E ELE DISFARÇA AS SUÍÇAS GRISALHAS COM CERA DE BIGODE E TINTURA.
=A-HÃ= BEM, AGORA...
EM QUE NEGÓCIO VOCÊ DISSE QUE ESTAVA ENVOLVIDO?
UMA LINHA FÉRREA, CERTO?
É UMA LINHA SUSPENSA. SERÁ A PRIMEIRA DO TIPO NA GRÃ-BRETANHA OU EUROPA.
AH! CREIO QUE HÁ ALGO PARECIDO EM NOVA YORK, NÃO?
DE FATO HÁ, EMBORA NÃO DEIXE DE TER SUAS FALHAS. ESPERAMOS PODER MELHORAR O QUE JÁ EXISTE.
LIVERPOOL TERÁ A LINHA DE TREM MAIS MODERNA DO MUNDO! E POR QUE NÃO? AFINAL DE CONTAS, AS FERROVIAS FORAM CRIADAS AQUI.

DE FATO, O CORTE DA RUA LIME — POR ONDE PASSAM OS TRENS DE LONDRES — FOI EM PARTE CONSTRUÍDO POR JOSEPH WILLIAMSON, A PRÓPRIA TOUPEIRA DE EDGE HILL.
O FOGUETE DE STEPHENSON CORREU SOBRE ESSES MESMOS TRILHOS!
E AGORA, EM VEZ DE CAVAR TÚNEIS SUBTERRÂNEOS, IREMOS ERGUER TRILHOS RUMO AOS CÉUS!
BEM, EM PARTE...
CAVALHEIROS, SOA COMO UMA INOVAÇÃO MARAVILHOSA!
FICO FELIZ QUE PENSE ASSIM, DOUTOR.
TALVEZ VOCÊ E O SR. HOLMES, CLARO, POSSAM ATÉ COMPARECER NA GRANDE ABERTURA, NÃO?
"SERÁ UM GRANDE ESPETÁCULO."
MEU DEUS! ELE DESMAIOU!
ESTAVA OLHANDO PELA JANELA...
QUE DIABOS ELE VIU?

SCRITCH
SCRITCH
KRAKK
SLAM
QUE DIABOS...?
OLÁ?
TEM ALGUÉM AÍ?
KAKRAKK
O QUÊ?
CLICK

ALISTAIR, SEU VELHO TOLO! COM MEDO DA PRÓPRIA SOMBRA.
KRAKK
DEUS DO CÉU!
M-MAS COMO...?
QUE... QUE DEUS TENHA PIEDADE DE SUA ALMA.

...AGARRADO À PAREDE...
...OLHOS COMO BOLAS DE FOGO...
...SALTOU UNS 30 METROS OU MAIS...
...O PRÓPRIO DIABO...
...NOS OLHANDO DE CIMA...
...CARREGA FACILMENTE UMA PESSOA...
HOLMES, ESPERA! NEM AO MENOS SABEMOS DO QUE SE TRATA!
SEJA O QUE FOR, DEVE SER BEM MAIS INTERESSANTE DO QUE UMA FERROVIA SUSPENSA!

BLAMM
VOU CUIDAR DO TRATANTE!
KAKRAK
ptang
MEU DEUS! LÁ ESTÁ!
AS TELHAS! CUIDADO!
ELE QUER MATAR TODOS NÓS!
RÁPIDO, PEGUE UMA ESCADA! UMA ESCADA!
CRACK
...PRA ONDE FOI...
...DIABOS DO INFERNO...
...PODERIA ESTAR CERCADO DELES...
CRISTO TODO-PODEROSO...

"...É O PRÓPRIO SPRING HEELED JACK!"*
* UM DEMÔNIO DO FOLCLORE INGLÊS QUE FOI RELATADO PELA PRIMEIRA VEZ NO REINO UNIDO EM 1837.
KRAKABOOM
O QUE FOI ISSO, HOLMES? VOCÊ VIU ALGO?
TALVEZ...
...MAS É SEMPRE UM ERRO TEORIZAR ANTES DE SE TER TODOS OS DADOS.

O DEMÔNIO DE LIVERPOOL

PARTE 2: O SELVAGEM

ARTE: FRANCESCO FRANCAVILLA

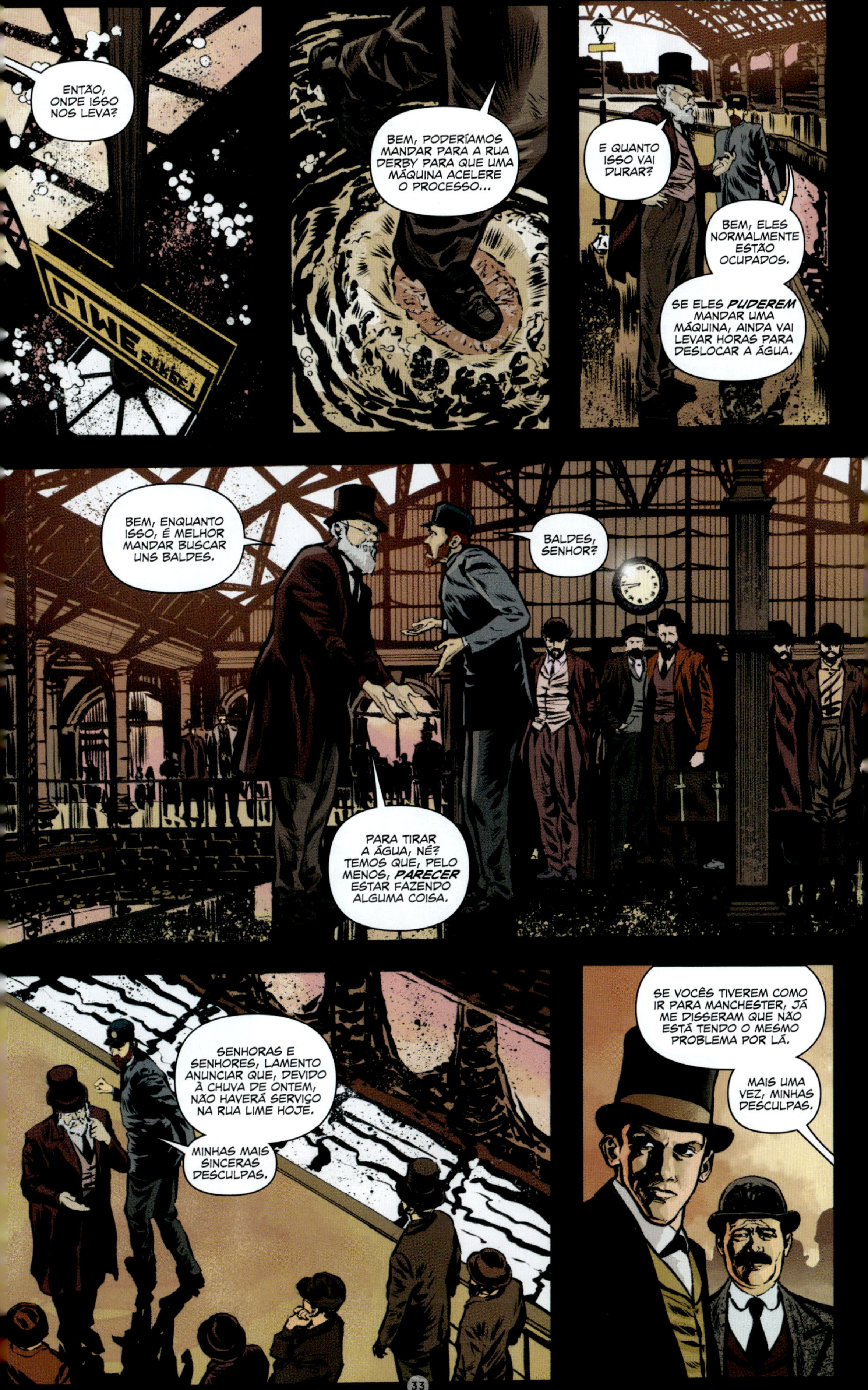
ENTÃO, ONDE ISSO NOS LEVA?
BEM, PODERÍAMOS MANDAR PARA A RUA DERBY PARA QUE UMA MÁQUINA ACELERE O PROCESSO...
E QUANTO ISSO VAI DURAR?
BEM, ELES NORMALMENTE ESTÃO OCUPADOS.
SE ELES PUDEREM MANDAR UMA MÁQUINA, AINDA VAI LEVAR HORAS PARA DESLOCAR A ÁGUA.
BEM, ENQUANTO ISSO, É MELHOR MANDAR BUSCAR UNS BALDES.
BALDES, SENHOR?
PARA TIRAR A ÁGUA, NÉ? TEMOS QUE, PELO MENOS, PARECER ESTAR FAZENDO ALGUMA COISA.
SENHORAS E SENHORES, LAMENTO ANUNCIAR QUE, DEVIDO À CHUVA DE ONTEM, NÃO HAVERÁ SERVIÇO NA RUA LIME HOJE.
MINHAS MAIS SINCERAS DESCULPAS.
SE VOCÊS TIVEREM COMO IR PARA MANCHESTER, JÁ ME DISSERAM QUE NÃO ESTÁ TENDO O MESMO PROBLEMA POR LÁ.
MAIS UMA VEZ, MINHAS DESCULPAS.

SR. HOLMES! WATSON!
TENHO QUE ME DESCULPAR, SENHORES. SINTO-ME RESPONSÁVEL.
SE NÃO TIVÉSSEMOS RETARDADO A SUA IDA ONTEM... E SE NÃO FOSSE A CHUVA, CLARO... JÁ FOI RUIM O SUFICIENTE VOCÊS TEREM QUE PASSAR A NOITE AQUI...
AH, DE JEITO NENHUM, DENBY. VOCÊ NÃO TINHA COMO SABER.
PELO MENOS DEIXEM QUE EU PAGUE O TÁXI PARA MANCHESTER.
NÃO, NÃO. NEM VAMOS OUVIR ISSO. VAMOS, HOLMES?
HOLMES?
AH, LÁ ESTÁ.
DEVE TER VISTO ALGO NO JORNAL.
UM RELATO DA PRISÃO OUSADA DE ONTEM, SEM DÚVIDA.
ORA, HOLMES, ALGUMA COISA AÍ SOBRE O CASO BICKERDYNE?
HMMM?
AH, NÃO MUITO.
VOCÊ ME SURPREENDE!

Uma comoção considerável foi causada ontem em Everton por conta
dos rumores de que o "Spring Heeled Jack" estava perseguindo seus
algozes naquela vizinhança. Ouviu-se falar de uma grande figura
alada ou com um manto que foi vista pulando de telhado em telhado
durante a intensa tempestade de raios da noite passada. Não menos
do que quatro senhoras passaram mal e tiveram que ser reanimadas
por meio de sais de cheiro ou similares. Algumas até chegaram a
dizer que viram a criatura cuspindo fogo, mas a polícia não teve como
encontrar quaisquer indícios que sugerissem que um "demônio"
esteve agindo, e acredita que algum idiota andou pregando uma peça.
Contudo, muitos podem argumentar que o evento desconcertante
que ocorreu a menos de uma milha de Edge Hill na noite passada traz,
literalmente, marcas de algo diabólico. Alertado por um som vindo
de dentro, o Reverendo na Igreja de Saint Mary abriu sua capela e lá
encontrou o cadáver de um senhor idoso que trazia todas as marcas
de alguém que havia sido atacado por uma fera com garras. Histórias
sinistras do notório Spring Heeled Jack já aparecem há alguns anos,
e as crianças de Londres ficarão, sem dúvida, aterrorizadas, e é de se
esperar que haja tomadas de terror desta situa
"ALERTADO POR UM SOM VINDO DE DENTRO, O REVERENDO NA IGREJA DE SAINT MARY ABRIU SUA CAPELA..."
"...E LÁ ENCONTROU O CADÁVER DE UM SENHOR IDOSO QUE TRAZIA TODAS AS MARCAS DE ALGUÉM QUE HAVIA SIDO ATACADO POR UMA FERA COM GARRAS."
DESCULPE, HOLMES? N-NÃO ENTENDI BEM.
TRAGA A BAGAGEM, WATSON, TEMOS QUE CHECAR NOVAMENTE NA NOROESTE. IMEDIATAMENTE!

...ENROLAMOS UM JOVEM, FRESCO, QUE ACABOU DE DESEMBARCAR DO MATILDA BRIGGS, E SAÍMOS COM PERTO DE OITO GUINÉUS.
...POR ISSO QUE EU NUNCA FAÇO APOSTAS, ENTENDE...
...NÃO DÁ PARA SEPARÁ-LOS E UM FACÃO ARRANCA SEUS PESCOÇOS.
...CHEGOU EM CASA E DESCOBRIU QUE ELA ENCHEU A CARA...
TUDO BEM, TUDO BEM, PODE FECHAR.
ENTÃO PERDEMOS ALGUNS HOJE, NÃO? POR QUÊ?
PORQUE ELES SÃO UNS IDIOTAS!
PORQUE RESOLVERAM DAR CABO DE UM POLICIAL QUANDO DEVERIAM TER SIDO MAIS GENTIS.
ELE NÃO DEVIA ESTAR LÁ, VERDADE, MAS ESSE NÃO É O PONTO.
MESMO QUE UM POLICIAL ESTEJA EM ALGUM LUGAR ONDE LHE DISSERAM QUE NÃO PODERIA ESTAR, CONTANTO QUE ELE NÃO ESTEJA ENFIANDO A MÃO NO BOLSO, SEJA GENTIL.
ELES ODEIAM ISSO MAIS DO QUE QUALQUER COISA.
ESTOU SEM MUITA GENTE AGORA, SÓ PORQUE ALGUÉM GOSTAVA DE UMA ENCRENCA.
NÃO ESTOU FELIZ.

MICK, LEVE ALGUNS RAPAZES PARA O HITCHCOCK'S.
ELE NÃO DEVE ESPERAR OUTRA VISITA TÃO CEDO, POR ISSO SEJA GENTIL.
NÃO QUERO MAIS *ACIDENTES*, ENTENDEU?
PROVAVELMENTE, VOCÊ VAI PRECISAR DE UM VEÍCULO E DE UM CONDUTOR, NÉ, MICKY?
ESTOU SURPRESA EM ENCONTRÁ-LO, DRUMMOND.
AQUELE DEMÔNIO NOS JORNAIS NÃO VEIO CLAMAR PELA *SUA* ALMA?
MUITO BEM, SRTA. GOLDSMITH.
VÃO PRECISAR DE MAIS DO QUE UM DELES PARA ME LEVAR PARA O INFERNO, PROMETO.
MAS O QUE É ISSO? PRA MIM? NÃO PRECISAVA DISSO.
PRECISAVA SIM. MINHAS MENINAS JÁ HAVIAM TRABALHADO MUITO QUANDO A SUA TURMA CHEGOU EXIGINDO MAIS DELAS.
PARECE UM POUCO *LEVE* PARA MIM, MAGGIE.
AS COISAS NÃO ANDAM BEM DESDE QUE A JOVEM LIZZY PERDEU O OLHO. ELA FAZ O MELHOR QUE PODE, DRUMMOND. DE VERDADE.
NÃO ACHAVA QUE ELES ESTAVAM PAGANDO PARA VER OS OLHOS DELA.
HEIN, RAPAZES?

PRISÃO CENTRAL DA POLÍCIA DE LIVERPOOL, COMEÇO DA TARDE.
SE... HÃ... SE NÃO SE IMPORTA, ASSINE AQUI. APENAS UMA FORMALIDADE.
SIM, SIM, CLARO.
OK, SE PUDEREM ME SEGUIR, CAVALHEIROS.
O LEGISTA JÁ DEVERIA ESTAR AQUI PARA DAR SEU PARECER, MAS... BEM, AQUI NÃO É LONDRES...
DE FATO.
NÃO CREIO QUE ALGUÉM TENHA PENSADO EM TIRAR FOTOS DA CENA DO CRIME ANTES DA REMOÇÃO DESTE DESAFORTUNADO CAVALHEIRO?
FOTOS? P-POR QUE ALGUÉM IRIA...
DEIXA PARA LÁ, DEIXA PARA LÁ.

ERA UM M... UM BÊBADO, SENHOR. J-JÁ O RECEBEMOS MUITAS VEZES...
I-ISSO É ESTRITAMENTE NECESSÁRIO, SENHOR?
SIM.
E OS FERIMENTOS SÃO NAS COSTAS, CERTO?
E UM NOME?
AH, SIM, SENHOR. SABEMOS QUEM ELE É. O VELHO TOM CHRISTIAN.
A-HÃ.
O QUE ESTAVA DIZENDO?
HÃ? BEM, ELE DEVE TER FEITO PARTE DE UMA FAMÍLIA ABASTADA... MAS CONTAVA UMAS LOROTAS...
ELE NÃO PARECE SER UM HOMEM DE POSSES.
NÃO, O DINHEIRO... SE REALMENTE HAVIA ALGUM... JÁ SUMIU FAZ TEMPO. DO JEITO QUE ELE FALAVA, SEU PAI ERA UM NOBRE CAVALHEIRO.
ALGUM PARENTE CONHECIDO?
MULHER? FILHOS? IRMÃOS?
NÃO, SENHOR. ELE ERA SOZINHO.
"O ÚLTIMO DOS CRISTÃOS", COSTUMAVA DIZER, E LOGO COMEÇAVA A FALAR ALGUMA LADAINHA SOBRE CARIDADE CRISTÃ...
AS FERIDAS FORAM FEITAS COM ALGO PARECIDO COM GARRAS CURVADAS DE TAMANHO CONSIDERÁVEL, CREIO.
DEFINITIVAMENTE NÃO FORAM FACAS. VEJA AQUI QUE A CARNE FOI MAIS REVIRADA DO QUE CORTADA.

SABE, ISSO ME FAZ LEMBRAR DE ALGO QUE VI NA ÍNDIA.
CLARO, AS GARRAS TERIAM QUE SER...
EVIDENTEMENTE, O PADRE DEVE TER SE *ESQUECIDO* DE MENCIONAR UM TIGRE.
E DE CHECAR EVIDÊNCIAS TAMBÉM. COISA FÁCIL DE DEIXAR PASSAR, HÃ?
SÓ ESTAVA DANDO A MINHA OPINIÃO PROFISSIONAL.
SE ESSA É A SUA OPINIÃO, WATSON, PODE GUARDÁ-LA.
TERIA QUE SER BEM GRANDE, NÃO? GIGANTESCO, DE FATO.
COM LICENÇA... HAVIA ALGUMA EVIDÊNCIA DE UMA FERA GIGANTE?
BEM, NÃO EXATAMENTE, SENHOR.
MAS, POR OUTRO LADO, NÃO TERIA, CERTO?
AH, ENTÃO VOCÊ TAMBÉM TEM UMA TEORIA? CONTE PARA NÓS.

BEM, QUER DIZER, O SPRING HEELED JACK... ELE É MEIO QUE UM FANTASMA, DEMÔNIO OU COISA PARECIDA, NÃO?
ENTÃO, BEM... ELE, HÃ... PODE TER COMO ATRAVESSAR A PAREDE, OU... OU ALGO ASSIM?
MUITO BEM. VOCÊ DECIFROU O CASO, OFICIAL. PARABÉNS!
NÃO OBSTANTE, FORMALISTA QUE SOU, CREIO QUE DEVO CONTINUAR COM A MINHA PRÓPRIA INVESTIGAÇÃO.
SUPONHO QUE JÁ TENHA NOTADO ISSO, WATSON...
ORA, SIM. É AREIA. O CORPO INTEIRO ESTÁ COBERTO DELA.
NA VERDADE, PARECE MAIS UM SUJEITO QUE ESTEVE NO MAR — OU EM UM RIO, SUPONHO — EM VEZ DE ALGUÉM QUE FOI PEGO NUMA TEMPESTADE.
EXATAMENTE O QUE PENSO.
E AINDA ASSIM, SAINT MARY FICA PELO MENOS A UNS TRÊS QUILÔMETROS DO RIO MERSEY.

SARGENTO, GOSTARIA DE FALAR COM O OFICIAL QUE FOI VER A CENA DO CRIME NA IGREJA DE SAINT MARY NA NOITE PASSADA.
ISSO SERÁ DIFÍCIL, CREIO. ELE NÃO ESTÁ AQUI AGORA.
BEM, VOCÊ PODERIA DESCOBRIR ONDE ELE ESTÁ?
É MUITO IMPORTA...
EI, O SARGENTO JÁ DISSE QUE ELE NÃO ESTÁ AQUI!
ELE ESTÁ FORA FAZENDO TRABALHO POLICIAL DE VERDADE.
AQUELE NO MEIO DAS RUAS.
ENTENDO. QUEM É VOCÊ?
SOU O INSPETOR THORNTON, E ESTA É A MINHA JURISDIÇÃO.
QUEM É VOCÊ?
MEU NOME É SHERLOCK HOLMES E ESTE É O MEU PARCEIRO WATSON.
PRAZER EM CONHECÊ-LO, INSPETOR.

AH, OS SUJEITOS QUE VIERAM VER OS RESTOS MORTAIS.
JÁ VIRAM O BASTANTE?
VOCÊ ESTEVE NA CENA DO CRIME, INSPETOR?
NÃO. POR QUE IRIA?
ENTRE TRABALHADORES E REJEITADOS, PROSTITUTAS E ARTESÃOS, ESTAMOS *OCUPADOS*, SR. HOLMES. *MUITO* OCUPADOS.
NÃO PODEMOS LARGAR TUDO A CADA VEZ QUE UM BÊBADO MORRE.
SE VOCÊS QUEREM PERTURBAR ALGUÉM QUERENDO SABER SOBRE O QUE VIU, ENTÃO O VIGÁRIO É O HOMEM IDEAL.
ESTOU CERTO DE QUE *ELE VAI* FICAR FELIZ EM CONVERSAR COM VOCÊS.
BEM, MUITO OBRIGADO PELA SUA AJUDA, INSPETOR.
VAMOS EMBORA, ENTÃO.
BOM DIA, INSPETOR.
AR DO BHEALACH, SR. HOLMES. *A AMADÁN*.

S-SR. HITCHCOCK?
CHOCK
SIM, MATTHEW, O QUE FOI?
A-ALGUÉM QUER VÊ-LO, SENHOR.
SE FOREM OS GAROTOS DO CAPITÃO TAGGART, DIGA AO CAPITÃO QUE ELE TERÁ SEU DINHEIRO ANTES DA PRÓXIMA MARÉ.
NÃO SOMOS OS GAROTOS DO TAGGART, SR. HITCHCOCK. NÃO SOMOS TÃO CAVALHEIROS QUANTO ELES.
E-EU LHE DISSE ONTEM QUE NÃO TINHA...
ONTEM O SR. DRUMMOND ESTAVA *GENEROSO*.
HOJE? BEM...

O SR. DRUMMOND QUER O SEU DINHEIRO, SR. HITCHCOCK. E O QUER AGORA.
DEIXE ISSO AÍ.
POR FAVOR, CAVALHEIROS, O SR. DRUMMOND TERÁ SEU DINHEIRO!
KLANGSSS
KELLOW, JÁ CHEGA! COMO IREI FALAR COM O SR. HITCHCOCK COM ESSE BARULHO?
SR. HITCHCOCK, VOCÊ É DE FATO UM HOMEM DE MUITA SORTE. AGRADEÇA A SUA ESTRELA.
O SR. DRUMMOND PENSOU EM OUTRA MANEIRA DE VOCÊ SALDAR A SUA DÍVIDA.

AH, ENTREM E SEJAM BEM-VINDOS, SENHORES. BEM-VINDOS A ST. MARY!
O REVERENDO ESTÁ EM SUA SALA DE ESTUDOS, SENHORES. PODEM ME ACOMPANHAR?
OBRIGADO, SENHORA. MUITO OBRIGADO.
KLIK
QUE CASO TERRÍVEL, VOCÊS NÃO DIRIAM? UM CASO TERRÍVEL!
DE FATO, FOI UMA MORTE HORRÍVEL!
POBRE ALMA QUE NUNCA TEVE UMA CHANCE! COMO ELE PODERIA ENFRENTAR TAL COISA? COMO PODERIA SE DEFENDER DO SATANÁS?
SENHORA?
ORA, O SPRING HEELED JACK, É CLARO! E O QUE MAIS ELE SERIA ALÉM DE UM AGENTE DE LÚCIFER, HEIN?
IMAGINE! COM SEUS OLHOS LUMINOSOS, CUSPINDO FOGO! A POBRE ALMA NÃO TEVE CHANCE!
JESSOP JURA DE PÉS JUNTOS QUE O VIU EM SUA CHAMINÉ!
QUE DEUS NOS AJUDE, SENHORES! QUE DEUS NOS AJUDE!

ESTOU CERTO QUE IRÁ, SRA. FERRIBY! OBRIGADO. ISSO É TUDO.
QUE BOM, REVERENDO.
PEÇO DESCULPAS PELOS... HÃ... DESVARIOS DA SRA. FERRIBY.
TODA ESSA HISTÓRIA MEXEU MUITO COM ELA.
NÃO TEM PROBLEMA, REVERENDO.
VOCÊ PODERIA NOS MOSTRAR O LOCAL EXATO ONDE ENCONTROU O CORPO?
BEM AQUI, SR. HOLMES. UM POUCO DEPOIS DOS BANCOS. FOI ALGO EXTRAORDINÁRIO!
ELE ESTAVA AQUI DEITADO, BEM ONDE ESTAMOS...
...MAS VEJA, FOI EXTRAORDINÁRIO O FATO DELE ESTAR AQUI DENTRO. EU TRANQUEI TODAS AS PORTAS DA IGREJA HORAS ANTES.
HAVIA PEGADAS... DE CHUVA, CLARO... MAS ELAS PARAVAM... BEM, QUER DIZER, COMEÇAVAM... BEM AQUI!
E ELE AINDA ESTAVA QUENTE, SE QUER SABER... FOI EXTRAORDINÁRIO!
SE ME SEGUIREM, VOU LHES MOSTRAR ONDE EU ESTAVA QUANDO TUDO ACONTECEU. AINDA NÃO CONSIGO ACREDITAR, SÉRIO.
CLARO! DIZEM QUE "O SENHOR AGE DE MANEIRAS MISTERIOSAS"...

...ULTIMAMENTE, A PARÓQUIA PASSA POR GRANDES NECESSIDADES, E É SÓ UMA QUESTÃO DE TEMPO PA...
BOOOOMMMM
MEU DEUS!
O MESMO!
FOI EXATAMENTE O MESMO BARULHO QUE OUVI! SR. WATSON, O DEMÔNIO ATACOU NOVAMENTE!
ALÔ? SR. HOLMES, VOCÊ ESTÁ BEM?
HOLMES? HOLMES, ESTÁ AÍ?
HOLMES! ESTÁ AÍ, HOLMES?
DÊ UM GRITO, HOMEM!
TALVEZ TENHA SIDO A BATIDA DA PORTA?
ELE... ELE PODE SIMPLESMENTE TER SAÍDO POR UM INSTANTE.
PARA ONDE ELE FOI, EM NOME DE DEUS?
A-HÃ! PARA ONDE?

NÃO ENTENDO, REVERENDO. CONSEGUE SE LEMBRAR DE ONDE O VIMOS PELA ÚLTIMA VEZ?
ESTAVA CONOSCO ATÉ IRMOS AO SEU ESCRITÓRIO, NÃO?
EU, *HÃ*... ACHO QUE SIM... MAS DEPOIS DISSO... *HMMM*. NÃO TENHO COMO DIZER.
DR. WATSON, TENHO REALMENTE QUE ME DESCULPAR...
DESCULPAR PELO QUÊ, REVERENDO?
O QUE VOCÊ DESCOBRIU DO LADO DE FORA, WATSON? ALGO DE ÚTIL?
E-EU... *HMMM*... NÃO, NÃO, HOLMES... NADA MESMO.
NÃO IMPORTA. CREIO QUE DESCOBRI TUDO QUE POSSO EM SAINT MARY HOJE.
MUITO OBRIGADO, REVERENDO, VOCÊ FOI MUITO ÚTIL, MUITO ÚTIL MESMO!
EXTRAORDINÁRIO...

VAMOS! PEGUE-O! PEGUE-O!
GRRRR
VAMOS!
MORDE ELE, SEU VERME MALDITO!
MATA ELE!
O BASTARDO VIROU UM ASSASSINO!
ARRANCA O PESCOÇO DELE!
RRARRGH
GRRARRGH
BENDIGO VENCE!
AGORA PAGANDO TODAS AS APOSTAS EM BENDIGO!
DEIXA PRA LÁ, PARÇA... ELE FEZ O MELHOR QUE PÔDE. E DEU UM SHOW!
WHHNNN

OI, JIMMY!
DRUMMOND!
E-EU... QUER DIZER, NÃO ESPERAVA QUE VOCÊ... NÃO SABIA QUE ESTAVA AQUI.
ACABEI DE CHEGAR, JIMMY, ACABEI DE CHEGAR.
L-LAMENTO MUITO POR GULLY... ELE ERA UM BELO CÃO, UM GRANDE LUTADOR.
MEUS HOMENS FIZERAM O MELHOR QUE PUDERAM. TENTARAM PEGAR O PÓ E OS SEPARARAM...
ÀS VEZES, É ASSIM QUE A BANDA TOCA, NÉ?
E-EU, QUER DIZER... NÃO FOI CERTO E EU SEI QUE VOCÊ PERDEU ALGUM DINHEIRO.
ENTÃO... BEM, SE VOCÊ ARRUMAR OUTRA FERA PARECIDA COM AQUELA.
B-BEM, FICAREI FELIZ EM LHE DAR ALGUMA VANTAGEM. VOCÊ SABE, É JUSTO.
MUITO GENTIL DA SUA PARTE, JIMMY, MUITO GENTIL.
POR ACASO ACONTECE QUE ESTOU COM UMA NOVA FERA AQUI ESTA NOITE.
AH, ENTÃO V-VAMOS BOTAR ELE PRA BRIGAR, QUE TAL?
Q-QUAL O SEU NOME?
EU O CHAMO DE *SELVAGEM*.

MUSEU WILLIAM BROWN, TARDE DA NOITE.
"E ENTÃO, CADÊ AQUELE PÉ DE CABRA? A-HA!"
MARAVILHA!
KREEEEEEE
...UMA FERA AUSTRALIANA PECULIAR, SEM DÚVIDA.
QUEM ESTÁ AÍ?
HÃ?
OH, DESCULPE, SENHOR!
NÃO QUIS ASSUSTÁ-LO...
AH. NÃO, NÃO, ESTÁ TUDO BEM, ARTHUR.

EU DEVIA SABER QUE VOCÊ NÃO IRIA PARTIR ATÉ DESEMPACOTAR A CARGA.
É UMA COLEÇÃO FASCINANTE. REALMENTE TEMOS SORTE!
SE VOCÊ DIZ, SENHOR. NÃO TRABALHE ATÉ *MUITO* TARDE, ENTENDEU?
NÃO VOU. BOA NOITE!
KLINK
AAAARRRGH
QUE DIABOS...?

...ELE NEM SEQUER TEVE TEMPO DE TREINAR UM NOVO...
...MESMO SE FOR UM HÍBRIDO GIGANTE DE MASTIM, VÃO LIQUIDAR RAPIDAMENTE A FATURA.
...SÓ ESTÁ TENTANDO NOS ASSUSTAR...
!
FAÇAM SUAS APOSTAS, CAVALHEIROS, SUAS APOSTAS.

O DEMÔNIO DE LIVERPOOL

PARTE 3: GATO E RATO

ARTE: FRANCESCO FRANCAVILLA

Margem do Rio Mersey; de manhã cedo.
Ei, olha só isso!
Uma moeda!
RRR
Deixa eu ver.
Sai fora!
RAFF RA RAFF
Ei! O que há com o Winston?
RAFF RA RAFF
O-olha lá...
HAOOOOOooo
É... É...
O Spring Heeled Jack!

HOTEL GREAT NORTH WESTERN, CAFÉ DA MANHÃ.
SR. WATSON, NÃO?
NA VERDADE, É DOUTOR.
COMO POSSO AJUDÁ-LO, INSPETOR THORNTON?
ESTAVA À PROCURA DO SEU PARCEIRO HOLMES.
TEMO QUE O SR. HOLMES NÃO ESTEJA AQUI.
ELE SAIU HÁ ALGUM TEMPO.
JÁ? A ESSA HORA? VOCÊ SABE QUANDO ELE VOLTA?
TEMO QUE NÃO. ELE SEMPRE FICA ASSIM QUANDO TEM UM NOVO CASO.
ELE ACORDOU ÀS CINCO DA MANHÃ...
NÃO, WATSON!

LEVANTEI ÀS QUATRO... EU APENAS LIGUEI PARA *VOCÊ* ÀS CINCO PARA PEDIR A CANETA EMPRESTADO.
E AQUI ESTÁ VOCÊ, SENTADO, TOMANDO O CAFÉ DA MANHÃ!
POR SORTE, NÃO FOI TÃO DIFÍCIL ACORDAR O CHEFE DA BIBLIOTECA CENTRAL.
ELES TÊM UMA COLEÇÃO MUITO IMPRESSIONANTE!
CASUALMENTE, ENQUANTO DEIXAVA A BIBLIOTECA, NOTEI QUE HAVIA UM BOM NÚMERO DE POLICIAIS FALHANDO NA FUNÇÃO DE NÃO SEREM NOTADOS DO LADO DE FORA DO MUSEU.
TEM ALGUMA COISA ERRADA, INSPETOR?
BEM, O FATO É QUE HOUVE OUTRO ASSASSINATO, SR. HOLMES.
HOUVE MESMO?
GARÇOM, VOCÊ PODERIA FAZER COM QUE ESSES LIVROS CHEGUEM AO QUARTO 307, POR FAVOR?
VENHA, WATSON. ISSO NÃO É HORA DE COMER!
VOCÊ TAMBÉM, INSPETOR.
TÁ AN CLUICHE AR COIS!

MUSEU WILLIAM BROWN.
ENGRAÇADO, EU ACHAVA QUE O SPRING HEELED JACK COSTUMAVA IR ATRÁS DE MOÇAS JOVENS.
OFICIAL, SE VOCÊ... OU QUALQUER UM... MENCIONAR O MALDITO SPRING HEELED JACK NOVAMENTE, SENTIRÁ A MINHA BOTA NO SEU TRASEIRO. ENTENDIDO?
SENHOR.
CHRISTOPHER CONNOR. TRABALHANDO TARDE DA NOITE DESEMPACOTANDO TODAS ESSAS PEÇAS PARA MONTAR UMA EXPOSIÇÃO. ERA A SUA FUNÇÃO PREDILETA, PELO QUE ME DISSERAM.
O VIGIA NOTURNO FOI O ÚLTIMO A VER O SUJEITO VIVO, POUCO ANTES DE TUDO ACONTECER.
ELE OUVIU UM GRITO, VEIO CORRENDO, E O ENCONTROU ASSIM.
INTERESSANTE...

SEU PESCOÇO FOI QUEBRADO. PELO QUE DÁ PARA VER, POR UM INSTRUMENTO ÁSPERO.
E AS FERIDAS? SÃO AS MESMAS DO NOSSO HOMEM NA IGREJA.
BEM, SÃO SIMILARES...
SIMILARES?
A CONFIGURAÇÃO DOS FERIMENTOS É DIFERENTE, O NÚMERO DELES É DIFERENTE, E FORAM INFLIGIDOS CUIDADOSA E DELIBERADAMENTE ENQUANTO AS OUTRAS FORAM RÁPIDAS E VISCERAIS.
EU ESTAVA PRESTES A DIZER QUE ELAS SÃO SIMILARES NO QUE DIZ RESPEITO A TEREM SIDO FEITAS PELA MESMA ARMA AFIADA E CURVADA QUE PARECE TER SIDO USADA.
ALGUM SINAL DE ENTRADA FORÇADA, INSPETOR?
UM BURACO CIRCULAR PEQUENO E BEM-FEITO EM UMA PORTINHOLA, MAS GRANDE O BASTANTE PARA QUE UM SUJEITO PUDESSE ENFIAR A MÃO E ABRIR A MAÇANETA.
TRABALHO DAS ANTIGAS BEM-FEITO.
NÃO SE TRATA DE UM ARROMBADOR AMADOR.
ATÉ ONDE POSSO DIZER, NADA SE PERDEU.
NÃO É VERDADE, INSPETOR.
ALGO, DEFINITIVAMENTE, SUMIU.

INFELIZMENTE, AINDA NÃO SEI O QUÊ.
8 Várias máscaras e colares
9 Pedra c… morcego pintado
10
HÁ DEZ CAIXAS VAZIAS AQUI, E AINDA ASSIM, DE ACORDO COM ESTE INVENTÁRIO, O SR. CONNOR SÓ ABRIU NOVE.
ENTÃO, O QUE HAVIA NA DÉCIMA?
A EXPOSIÇÃO CONTÉM OBJETOS DE INTERESSE PARA APENAS ALGUNS POUCOS COLECIONADORES E ESPECIALISTAS.
DAÍ PODEMOS DEDUZIR QUE O ITEM DESAPARECIDO NÃO POSSUI UM VALOR ÓBVIO — DEVE SER UMA JOIA OU ALGO PARECIDO.
CREIO QUE O NAVIO... ESSE "MATILDA BRIGGS"... DEVERÁ SER A NOSSA PRÓXIMA ESCALA.
ELES DEVEM TER UM REGISTRO DOS CAIXOTES E DE SEU CONTEÚDO.
SENHOR INSPETOR!
ESTOU UM POUCO OCUPADO AQUI, OFICIAL. O QUE FOI?
É ALGO... BEM, UM POUCO PECULIAR.
ME PEDIRAM PARA GUARDAR SEGREDO.

VOCÊ SÓ PODE ESTAR BRINCANDO!
CERTO, TEMO TER QUE DEIXAR VOCÊS.
GUARDA, COMIGO, AGORA.
WILLIS, ACOMPANHE O SR. HOLMES E O DOUTOR ATÉ O NAVIO, E REPORTEM A MIM, ENTENDIDO?
AH, E LEVEM O SR. CONNOR PARA ALGUM LUGAR MAIS PRIVADO, CERTO?
ELE FOI MORTO COM UM GOLPE DE PÉ DE CABRA NO PESCOÇO, INTENCIONALMENTE.
PRECISARIA DE UM PARA ABRIR AS CAIXAS, MAS NÃO HÁ NENHUM AQUI.
MUITO BOM. MUITO INTELIGENTE. BEM FEITO.
ENCONTRE ISSO TAMBÉM, WILLIS. TRATA-SE DE UM BOM SUJEITO.
TUDO EM UM DIA DE TRABALHO, HEIN?
SENHOR?
OS CORPOS ESTÃO ACUMULANDO AQUI E ACOLÁ ENQUANTO TODO MUNDO PROCURA UM DEMÔNIO FLAMEJANTE.
ENQUANTO ISSO, ESTOU SACANEANDO O MAIOR DETETIVE DO MUNDO, E AGORA ISSO...
MALDITA LIVERPOOL!
POR QUE MINHA MÃE NÃO ENTROU NAQUELE BARCO PARA NOVA YORK COM A TIA KATE?

AS DOCAS
...TALVEZ A INTENÇÃO FOSSE MATAR O DR. CONNOR DESDE O COMEÇO, E O ASSASSINO SIMPLESMENTE SE CANSOU DE ESPERAR QUE ELE SAÍSSE DO MUSEU?
MERA SUPOSIÇÃO! VOCÊ ESTÁ COLOCANDO A CARRUAGEM NA FRENTE DOS CAVALOS, COMO SEMPRE, MEU AMIGO!
POR QUÊ? POR QUEM? ALÉM DO MAIS, POR QUE ELES TERIAM OS MEIOS PARA ENTRAR COM TANTA EFICIÊNCIA SE ESSA NÃO FOSSE A INTENÇÃO ORIGINAL?
TAL CONJECTURA APENAS ENCHE A CABEÇA E NUBLA O JULGAMENTO. PRECISAMOS DE *DADOS* E NÃO DE SUPOSIÇÕES.
O *MATILDA BRIGGS*, SENHORES.
TALVEZ POSSAMOS ENCONTRAR *ALGUMAS* RESPOSTAS AQUI, NÉ?
ESPERO QUE SIM, WATSON, ESPERO QUE SIM.

BOM DIA, SENHORES. SERIA POSSÍVEL FALAR COM O CAPITÃO DESSE NAVIO?
QUEM ESTÁ PERGUNTANDO?
SÃO ASSUNTOS OFICIAIS DA POLÍCIA, BAIXE O TOM, POR FAVOR.
É ISSO MESMO?
JENKS!
VEJO QUE TEMOS VISITAS.
VOCÊ ESTAVA PRESTES A CONDUZI-LOS A BORDO, CERTO?
BOM DIA PARA OS CAVALHEIROS.
SOU O *CAPITÃO TAGGART* E O *MATILDA* É O MEU NAVIO.

VOCÊS TERÃO QUE DESCULPAR JENKS.
ELE É UM BOM HOMEM, UM ÓTIMO PRIMEIRO MARINHEIRO, MAS A TERRA FIRME... BEM, NÃO COMBINA COM ELE.
CLARO, SEI QUEM VOCÊS SÃO, EU OS VI ATRÁS DAQUELES DOIS HÁ MENOS DE DOIS DIAS.
A VERDADE É QUE ESTOU MUITO HONRADO DE TER O GRANDE DETETIVE... E VOCÊ, DOUTOR, CLARO... NO MEU HUMILDE BARCO.
E AQUELE TIRO! VOCÊ É UM EXÍMIO ATIRADOR, DOUTOR!
AH, BEM...
MAS É RUIM TER AQUELA COISA JOVEM POR TRÁS DE TODAS AS MORTES?
ISSO ME DEIXA FELIZ EM NÃO LEVAR PASSAGEIROS. ALGUNS DELES TRARIAM MAIS PROBLEMAS QUE AS FERAS.
ESTAMOS FAZENDO UM BALANÇO DA NOVA CARGA ANTES DE SEGUIR VIAGEM.
SABONETE SUNLIGHT, MELADO DA TATE & LYLE... OS MELHORES DA BRETANHA, ENVIADOS PARA OS CONFINS DO IMPÉRIO!

NÃO ESTÁ LONGE AGORA, DEVIA TER ENVIADO O GAROTO ATÉ O MUSEU COM ELE ASSIM QUE O ENCONTRAMOS...
MAS VOCÊ SABE COMO É.
CLARO, CAPITÃO, VOCÊ É UM HOMEM OCUPADO.
AQUI ESTAMOS, SENHORES.
MEU MARINHEIRO O ENCONTROU, PENSOU QUE FOSSE UM DOS VAZIOS, DE ALGUM MODO MISTURADO COM O RESTO.
MAS ENTÃO O MOVEU E PERCEBEU QUE HAVIA ALGO DENTRO, POR ISSO O ABRIMOS.
KRKxx
MEUS HOMENS LEVARAM UM BAITA SUSTO.

MEU BOM DEUS, QUAL É O TAMANHO DISSO?
BEM, É UMA PANTERA... UM DAQUELES FELINOS DA SELVA.
O GAROTO QUE PAROU O POLICIAL HOJE DE MANHÃ... O POBRE SUJEITO MAL SAIU VIVO... FOI ELE QUE COLOCOU DRUMMOND E SEUS RAPAZES DENTRO DELE.
DISSE QUE TROUXERAM A FERA AQUI PARA BRIGAR.
NÃO ME DIGA QUE *UM* DESSES É DRUMMOND!
AH... HÃ... TEMO QUE NÃO, SENHOR. NO ENTANTO, TEMOS KELLOW E RYAN DE SEU BANDO.
DÊ-ME ALGUMA *BOA* NOTÍCIA, GUARDA!
QUEM AQUI É DO ZOOLÓGICO, ENTÃO?
QUEM VAI NOS AJUDAR A PEGAR O BICHO?

N-NÃO SABEMOS DE ONDE VEM ESSE, SENHOR, ENTÃO...
JESUS! MANDE ALGUÉM PARA DESCOBRIR!
BEM, SENHOR...
QUER DIZER, NÃO CREIO QUE VÁ HAVER TEMPO AGORA...
COMO EU DISSE, ELES O ENCURRALARAM NA QUADRA DE BELÉM.
BEM, POR QUE NÃO PODEM SIMPLESMENTE DEIXÁ-LO POR LÁ? NÃO TIRAMOS TODO MUNDO?
NÓS... NÃO TIRAMOS NINGUÉM, SENHOR. NÃO PODERÍAMOS CORRER O RISCO.
O SERVIÇO FOI MAL FEITO PELOS CÃES, SENHOR. DA PIOR MANEIRA POSSÍVEL. OS HOMENS IRÃO ABATÊ-LO COM RIFLES.
INSPETOR?
SABIA QUE ERA VOCÊ, INSPETOR THORNTON! RECONHECI A SUA VOZ VINDO DA ENTRADA.
KATHLEEN, EU DEFINITIVAMENTE NÃO TENHO TEMPO PARA ISSO.
TENHO ALGO PARA LHE CONTAR, SENHOR. ALGO *IMPORTANTE*.
OLHA, EU SEI QUEM MATOU TOM CHRISTIAN.

QUE BELEZURA, NÃO?
TENHA RESPEITO, HOMEM! ISSO É UM SER HUMANO!
UM ESPÉCIME MAGNIFICAMENTE PRESERVADO. UM ABORÍGENE MACHO, DE MEIA IDADE, PELO QUE DÁ PARA VER.
DEFINITIVAMENTE ISSO FAZ PARTE DA EXPOSIÇÃO DO SR. CONNOR.
VOCÊ TEM O HÁBITO DE TRANSPORTAR CADÁVERES, CAPITÃO TAGGART?
ATÉ O ABRIRMOS, NÃO TÍNHAMOS NOÇÃO DE QUE HAVIA CORPOS EM SEU INTERIOR, SR. HOLMES.
ESSA CAIXA NÃO TRAZ O SELO DE EXPEDIÇÃO QUE VI NAS OUTRAS, E ISSO EXPLICA POR QUE A MISTURA OCORREU.
CAPITÃO, VOCÊ SABE O QUE HAVIA NA OUTRA CAIXA?
TENHO QUE DIZER QUE NÃO, SR. HOLMES. NENHUMA IDEIA.
NINGUÉM DEU POR FALTA DE NENHUMA CARGA, DE MODO QUE DEVIA ESTAR VAZIA.

DEVE SER POR ISSO QUE O CURADOR NÃO ESCREVEU NADA NA LISTA!
PORQUE NÃO HAVIA NADA A ESCREVER.
ISSO É UMA HIPÓTESE.
OUTRA É QUE ELE FOI *ASSASSINADO* ANTES QUE PUDESSE REGISTRAR O CONTEÚDO DA CAIXA EM SUA LISTA.
ASSASSINADO, NÉ?
POR QUE ALGUÉM IRIA QUERER FAZER ISSO?
DE FATO.
VAMOS, WATSON, TEMOS QUE IR.
ESTOU CERTO QUE O CAPITÃO GARANTIRÁ QUE A EXPOSIÇÃO SEJA ENVIADA PARA O SEU LUGAR.
BOM DIA, CAPITÃO, E MUITO OBRIGADO!
O PRAZER FOI MEU, SENHORES.
FELIZ POR TER AJUDADO A RESOLVER A QUESTÃO.

CERTO, VOU...
ESTÁ A CAMINHO.
SALVE-NOS, PELO AMOR DE DEUS, SALVE-NOS!
MEU BEBÊ! PEGUEM O MEU BEBÊ!
AAAGH! ESTÁ VINDO! VAI PEGÁ-LO!
ABAIXA A ARMA!

MEU DEUS, ESTÁ AQUI!
GRRAHRRR
AAAAGGGHHH
FOGO!
BLAM
BLAM
BLAMM
SPK
ZPP
ZPP
CESSAR FOGO!

PRISÃO CENTRAL.
AS CELAS ESTÃO LOTADAS, A MULTIDÃO QUE PEGAMOS PELO OCORRIDO COM O POLICIAL FLYNN ESTÁ...
KATHLEEN PUGH DISSE QUE UM DELES MATOU TOM CHRISTIAN.
POR ISSO, OS MANTEREMOS AQUI.
QUE SEMANA MALDITA! O QUE VEM AGORA?
QUEM SABE SEREI ATINGIDO POR RAIOS?
SUSPIRO
CERTO.
UM DIABO ALADO VAGA PELA CIDADE, MATA DOIS HOMENS SEM NENHUMA LIGAÇÃO, DEIXA UM DENTRO DE UMA IGREJA TRANCADA E O OUTRO NO MUSEU.
AMBOS COM FERIDAS ENORMES FEITAS POR GARRAS NOS CORPOS.
"CLARO QUE HAVIA UM MALDITO GATO SELVAGEM SOLTO POR AÍ QUE INOCENTA O VELHO JACK. CASO ENCERRADO. MISTÉRIO RESOLVIDO."
CONTUDO, PANTERAS NÃO PODEM ATRAVESSAR PAREDES OU INVADIR MUSEUS, E PARECE QUE A FERA SÓ CONSEGUIU FUGIR NA NOITE PASSADA.
"KATHLEEN PUGH ME DISSE QUE VIU TOM CHRISTIAN BATENDO EM UMA PORTA NO BECO DO RATO E DOIS HOMENS DE DRUMMOND — KELLOW E GERAGHTY — O AMEAÇANDO."

"ENTÃO OS HOMENS DE DRUMMOND SOLTARAM A PANTERA EM CIMA DE TOM?"
"KELLOW SE DEU MAL — ELE E OS OUTROS FORAM ATACADOS PELO PRÓPRIO FELINO. ELES OBVIAMENTE NÃO TIVERAM CONTROLE DA SITUAÇÃO E FICARAM EM UM BECO SEM SAÍDA."
"ALÉM DO MAIS, EU MESMO PRENDI GERAGHTY DEPOIS QUE FLYNN FOI ATACADO ANTEONTEM À NOITE."
"ELE JÁ ESTAVA PRESO QUANDO O VELHO TOM APARECEU EM SAINT MARY."
AS MARCAS NOS DOIS CORPOS NÃO SE IGUALAM...
...A FERA TERIA QUE POSSUIR O DOBRO DO TAMANHO DO FELINO E AS DE CONNOR SÃO DIFERENTES DAS DE TOM.
O QUE É ISSO ENTÃO? *TRÊS* FERAS COM GARRAS À SOLTA?
QUATRO, SE VOCÊ CONTAR O SPRING HEELED... A NÃO SER QUE TENHA MATADO UM DELES... *DAMNÚ AIR!*
PELO MENOS, EU TENHO UMA IDEIA DO QUE ACONTECEU NA BRIGA DE CÃES.
DRUMMOND VAI PAGAR PELO QUE ACONTECEU NA QUADRA DE BELÉM. VOU CUIDAR DISSO PESSOALMENTE!
O FELINO NÃO É DO CIRCO DE HANGLER E NEM DO ZOOLÓGICO DE WALTON...
...O QUE FAZ COM QUE NOS RESTE O CIRCO ITINERANTE — QUE SÃO SEMPRE UM PÉ NO SACO — E HITCHCOCK PARA CONVERSAR.
O QUE *AINDA* NÃO ME DEIXA PISTAS PARA DECIFRAR AS MORTES DE CHRISTIAN OU DE CONNOR.
NEM TANTO, INSPETOR.
DESCULPE POR FICAR ESCUTANDO, MAS SEI COMO PODE SER ENERVANTE QUANDO ALGUÉM INTERROMPE O SEU PENSAMENTO.
CREIO QUE HÁ UMA *AVENIDA* QUE VOCÊ NÃO CONTEMPLOU.

É CLARO QUE KATHLEEN NÃO MENCIONOU EXATAMENTE ONDE TOM FOI CHAMAR...
SUPONHA QUE COMECEMOS A BATER INDISCRIMINADAMENTE...
AH, CREIO QUE POSSO IR POR ELIMINAÇÃO, INSPETOR.
HÁ O QUÊ, UMA SÉRIE DE PORTAS?
AGORA, EM QUAL DELAS O VELHO TOM CHRISTIAN PODE TER BATIDO?
EM PRIMEIRO LUGAR, TEMOS QUE ELIMINAR AQUELAS QUE PARECEM QUE NÃO *AGUENTARIAM* MUITAS BATIDAS.
DEPOIS, TIREMOS AS QUE OBVIAMENTE NINGUÉM BATEU OU QUE NÃO SÃO ABERTAS HÁ UM BOM TEMPO.
ESSA É CLARAMENTE A PORTA DE UM BORDEL.
O QUE FAZ COM QUE SÓ RESTE...
...ESTA!
NOK NOK NOK
KREEEK
TEMO QUE VOCÊ ESTEJA ATRA... *OH!*
BOA NOITE, ESTAMOS AQUI POR CONTA DA MORTE DE UM CAVALHEIRO QUE FOI VISTO PELA ÚLTIMA VEZ NESTE ENDEREÇO HÁ DOIS DIAS. UM CERTO SR. CHRISTIAN.
TOM?
MORTO?

OS ESPÍRITOS ESTÃO CONOSCO.
REPARE NA LUZ COM A QUAL ELES SE FAZEM CONHECIDOS.
FANTÁSTICO.
CÉUS! ALGO TOCOU NA MINHA PERNA!
FIQUE CALMA, OS ESPÍRITOS SÃO AMIGÁVEIS. NÃO QUEBRE O CÍRCULO.
AGORA, ALGUÉM TEM...
SR. JOHNSON, VOCÊ ESTÁ PRESO PELO ASSASSINATO DE THOMAS CHRISTIAN.

SUA MALDITA FRAUDE!
VERGONHA!
REPULSIVO!
ASSASSINATO? O QUE... EU... ISSO...
DR. WATSON? SR. HOLMES?
QUE DIABOS ESTÃO FAZENDO AQUI?
POR FAVOR, SENHORAS E SENHORES, ACALMEM-SE. DESCULPE PELA, HÃ... INTERRUPÇÃO.
VOCÊ DEVIA TER VERGONHA DE SI MESMO, SEU HOMENZINHO REPULSIVO!

O DEMÔNIO DE LIVERPOOL

PARTE 4: O LABIRINTO

ARTE: FRANCESCO FRANCAVILLA

...À SOLTA ATÉ ONDE EU SEI... QUEM SABE O QUE VAI SER DE MIM AGORA... A POLÍCIA VIRÁ MAIS CEDO OU MAIS TARDE...
NÃO TIVE ESCOLHA... NENHUMA ESCOLHA... MAS QUEM VAI ACREDITAR NISSO?
DEVERIA SABER QUE JAMAIS PODERIA RETRIBUIR. JAMAIS ME DEIXARIAM, MESMO SE EU PUDESSE... NUNCA ME LARGUE.
SCHLUK
HA HAKK HA HA
OS ANIMAIS ESTÃO PRESTES A MORRER DE FOME DESSE JEITO... QUEM SABE O QUE ACONTECERIA SE... SE...
HAK HA HA HA
MAS ENTÃO O QUE VAI ACONTECER COMIGO SE EU FICAR?
EU DEVIA SAIR DE LIVERPOOL DE UMA VEZ POR TODAS... SAIR ENQUANTO AINDA POSSO!
NÃO ESTÁ PENSANDO EM NOS DEIXAR, ESTÁ, SR. HITCHCOCK?
D-DRUMMOND... EU...
EU SÓ ME METI EM UMA CONFUSÃO E ESPERAVA A SUA AJUDA.
SOMOS *AMIGOS*, NÉ...?

VOCÊ PODE ATÉ SAIR LIMPO, JOHNSON. QUANTO MAIS ISSO DURAR, MAIS FURIOSO VOU FICAR, ENTENDE?
SEU GAROTO AQUI JÁ NOS DISSE QUE TOM VEIO FALAR CONTIGO ANTEONTEM.
ELE DISSE QUE VOCÊS DISCUTIRAM, ALGO SOBRE UM DINHEIRO QUE VOCÊ DEVIA AO VELHO EM TROCA DE INFORMAÇÃO.
JARROD, O QUE VOCÊ DISSE?
SÓ LHES CONTEI A VERDADE.
O VELHO TOM ERA UM AMIGO MEU, E... ELES DISSERAM QUE ELE FOI ASSASSINADO E, BEM, VOCÊ ESTAVA TÃO *FURIOSO* COM ELE!
...EU... OUVI ELE AMEAÇAR QUE CONTARIA PARA AS PESSOAS AQUILO QUE VOCÊ VEM LHE PERGUNTANDO.
TUDO QUE ELE QUERIA ERA UM OU DOIS XELINS.
E O QUE VOCÊ *VINHA* PERGUNTANDO A TOM CHRISTIAN, SR. JOHNSON?
A MEDIUNIDADE NÃO PODE SER LIGADA E DESLIGADA COMO UM INTERRUPTOR.
ESPÍRITOS, ASSIM COMO OS VIVOS, *NEM SEMPRE* SÃO CONFIÁVEIS.
ENTÃO, DE TEMPOS EM TEMPOS, É NECESSÁRIO, LAMENTAVELMENTE, RECORRER A OUTROS MEIOS.

COM "OUTROS MEIOS" VOCÊ NÃO SE REFERE NÃO APENAS À FARSA RIDÍCULA QUE TESTEMUNHAMOS MAIS CEDO, MAS TAMBÉM À COLETA DE INFORMAÇÕES, CERTO?
UM HOMEM DA IDADE DE CHRISTIAN SENDO UMA FONTE IDEAL DE DADOS APARENTEMENTE PERDIDOS.
EU DE FATO CONSULTEI O SR. CHRISTIAN SOBRE CERTOS ASSUNTOS...
...ELE HÁ TEMPOS JÁ HAVIA ME DITO TUDO O QUE SABIA, E CONTUDO AINDA ESPERAVA PAGAMENTO.
ENTÃO, DEIXOU DE TER UTILIDADE PARA VOCÊ, CERTO? E DEPOIS AMEAÇOU EXPOR O SEU CHARLATANISMO.
NÃO SOU UM ASSASSINO, SENHOR, TAMPOUCO FAÇO CARIDADE!
O SR. CHRISTIAN E EU TÍNHAMOS UM ACORDO. MAS O NOSSO NEGÓCIO HAVIA SIDO CONCLUÍDO.
ELE NÃO ERA UMA AMEAÇA PARA MIM, APENAS UM INCÔMODO.
QUE NEGÓCIO? QUE INFORMAÇÃO?
ISSO É PRECISAMENTE O QUE EU GOSTARIA DE SABER.
DE FATO.

SR. HITCHCOCK! AQUI É A POLÍCIA!
HITCHCOCK!
HITCH COCK MENAGERIE
NOK NOK NOK NOKK
SR. HITCHCOCK! PRECISAMOS FALAR COM VOCÊ!
NOK NOK NOKK
NÃO ADIANTA SE ESCONDER AÍ!
NOK NOKK
PAREM COM ESSA ALGAZARRA! DEIXANDO PESSOAS HONESTAS ACORDADAS!
NÃO ADIANTA BATER À PORTA!
ELE OBVIAMENTE FUGIU, ENFIM.

E POR QUE ELE FARIA ISSO ENTÃO?
POR QUÊ? OLHA SÓ O ESTADO DESTE LUGAR!
UM LUGAR COMO ESTE NÃO PODE COMPETIR COM TIPOS COMO HENGLER, PODE? JÁ DEVERIA TER PARADO COM ISSO HÁ ANOS!
DEVE DINHEIRO PARA TODO MUNDO. ATÉ A MIM ELE DEVE UMA OU DUAS MOEDAS!
"VI UNS CARAS DURÕES INDO E VINDO ULTIMAMENTE TAMBÉM."
"O POBRE SUJEITO DEVE ESTAR EM MAUS LENÇÓIS PARA PERMITIR QUE SEUS BENS SEJAM LEVADOS ASSIM."
BENS? QUE TIPO DE *BENS?*
COMO EU PODERIA SABER? VOCÊ ACHA QUE EU NÃO TENHO NADA MELHOR PARA FAZER DO QUE ESPIAR AS PESSOAS?
ELES PEGARAM UM CAIXOTE GRANDE CHEIO DE ALGO PESADO...
...NA NOITE PASSADA, ACHO. BEM, FOI NA NOITE PASSADA.
TIVERAM MUITO TRABALHO COM ELE TAMBÉM.

SLAM
JÁ FALEI QUE VOCÊS PODEM FAZER SUAS RECLAMAÇÕES NA PRISÃO CENTRAL...
EU DEVIA TER SABIDO! JOSEPH WILLIAMSON, DE FATO!
ISSO FOI ARMADO POR AQUELE CACHACEIRO, NÃO FOI?
NÃO FALE DE TOM DESSE JEITO! ELE CONHECIA MUITO BEM OS TÚNEIS!
DESCIA COM O SEU PAI QUANDO ERA CRIANÇA!
NINGUÉM MAIS VIVO PODERIA LHE DESENHAR AQUELE MAPA!
PELO AMOR DE DEUS, JARRED! CALA A BOCA!
VOCÊ ESTAVA PERGUNTANDO PARA O VELHOTE SOBRE OS TÚNEIS?
OS QUE WILLIAMSON SUPOSTAMENTE TINHA SOB A CIDADE? MAS ISSO É SÓ UM MITO!
NEM TANTO, INSPETOR.
POSSO VÊ-LO, SR. FALLON?
ADMITI QUE **CONSULTAVA** O SR. CHRISTIAN. MAS PERDURA O FATO DE QUE **NÃO** MATEI E JAMAIS **PODERIA** TÊ-LO MATADO!
TIVEMOS SESSÕES AQUI A CADA NOITE DESTA SEMANA! TENHO UMA DÚZIA DE ÁLIBIS!
VOCÊ ACHA QUE ELES VÃO LHE DEFENDER, ESSES POBRES INDIGENTES PARA QUEM TEM MENTIDO?
DUVIDO MUITO QUE HAJA ALGUMA NECESSIDADE DISSO. TENHO PROVAS **ESCRITAS** O SUFICIENTE.

VOCÊ DEVE TER FICADO BASTANTE DESAPONTADO COM ISSO, SR. FALLON.
NA ESPERANÇA E QUE HOUVESSE ALGUM TÚNEL ESCONDIDO NA REGIÃO DAS DOCAS HERCULÂNEAS.
C-COMO VOCÊ...?
UMA FERROVIA SUSPENSA É UMA IDEIA MARAVILHOSA, MAS UMA ROTA SUBTERRÂNEA SAINDO DESSA ÁREA ESPECÍFICA DAS DOCAS AINDA SERIA NECESSÁRIA.
ESTENDA A LINHA TERRA ADENTRO PARA TOXTETH OU DINGLE, QUE O AUMENTO NA ELEVAÇÃO SERÁ MUITO GRANDE.
ENCONTRAR UM TÚNEL QUE JÁ EXISTE REDUZIRIA DE MODO SIGNIFICATIVO OS SEUS CUSTOS.
PARECE QUE TOM CHRISTIAN SABIA ALGO DOS TÚNEIS. PELO MENOS, MUITOS DETALHES DESTE MAPA PARECEM SE RELACIONAR COM REGISTROS HISTÓRICOS DA REDE.
OLHEM AQUI! "SESSÃO CONCLUÍDA ÀS 23H." TÁ VENDO A DATA? AQUI ESTÁ UMA LISTA DE PRESENÇA COM ASSINATURAS.
ISSO É PRECISAMENTE O QUE ME CONVENCEU, SR. HOLMES!
COM LICENÇA, SENHORES. TEM UM POLICIAL LÁ FORA PERGUNTANDO POR UM THORNTON.
ALGO A VER COM O LUGAR DE ONDE VIERAM OS FELINOS. TEM ALGUM THORNTON AQUI?
UMA DAS CIGANAS DO CIRCO DEVE FINALMENTE TER DEIXADO ALGO ESCAPAR.
HOLMES, JÁ PERDEMOS BASTANTE TEMPO AQUI. VOCÊ PODERIA FAZER UMA INVESTIGAÇÃO MAIS APROPRIADA?
PERDEMOS? DE JEITO NENHUM.
DE FATO, CREIO QUE VOU DECLINAR DO SEU CONVITE TÃO GENTIL E CONDUZIR UMA INVESTIGAÇÃO POR CONTA PRÓPRIA.

TOK TOK TOK
É RARO VOCÊ REVISITAR A CENA DE UM CRIME, HOLMES. VOCÊ ACHA QUE DEIXOU ESCAPAR ALGO NA ÚLTIMA VEZ?
NÃO DEIXEI NADA ESCAPAR, WATSON. UMA SEGUNDA VISITA SEMPRE SERIA NECESSÁRIA.
SIM? AH! SR. HOLMES...
LAMENTO INCOMODÁ-LO, REVERENDO, ESPECIALMENTE A ESTA HORA.
PODERÍAMOS ENTRAR?
ISSO É SOBRE TOM CHRISTIAN, SUPONHO.
ESTÁ CORRETO, REVERENDO.
TIVE QUE ESPERAR A MARÉ BAIXAR ANTES DE VOLTAR.
AGORA, EM ALGUM LUGAR AQUI... DEVE HAVER...
ISTO É UMA IGREJA, HOLMES! NÃO DEVERÍAMOS RESPEITAR ISSO?
AH! AQUI ESTAMOS...
TK

QUE INCRÍVEL, HOLMES! COMO VOCÊ FEZ ISSO?
MARAVILHOSAMENTE SIMPLES.
KKKRRRRRRRRRRRR
LIBERE O CONTRAPESO, E OS DECLIVES DE PEDRA...
AS DEDUÇÕES... QUER DIZER. AH, DEIXA PARA LÁ.
TODOS ESSES ANOS, E EU NUNCA SOUBE QUE EXISTIAM.
RRRRR
BOOM
CHK CHK CHK CHKK
MAL POSSO ACREDITAR!
CUIDADO, CAVALHEIROS! AFASTEM-SE, POR FAVOR...
ESSE SOM! FOI ISSO QUE OUVIMOS NA ÚLTIMA VEZ EM QUE ESTIVEMOS AQUI!
BOOM
EU OUVI TAMBÉM, POUCO ANTES DE ENCONTRAR O SR. CHRISTIAN!
ELE DEVE TER USADO A ESCADA!
AGORA SABEMOS COMO ELE ENTROU NA IGREJA.
E AGORA?
AGORA?
ORA, VAMOS DESCER E CAÇAR O ASSASSINO DE TOM CHRISTIAN, É CLARO.

NUNCA VI NADA PARECIDO! TAL PERÍCIA É IMPRESSIONANTE...
TENHA CUIDADO, É ÚMIDO E UM TANTO ESCORREGADIO LÁ EMBAIXO.
"A LOCALIZAÇÃO DOS TÚNEIS ERA ÓBVIA A PARTIR DA DESCRIÇÃO DO REVERENDO DAS PEGADAS DO SR. CHRISTIAN QUE DESAPARECIAM."
"ERA EVIDENTE, NO ENTANTO, QUE EU DEVIA DAR TEMPO BASTANTE PARA QUE AS ÁGUAS RECUASSEM ANTES DE EXPLORAR DEVIDAMENTE O TERRENO."
VOCÊ SABIA DESSA PASSAGEM O TEMPO TODO? POR QUE NÃO DISSE ALGO, HOMEM?
LEMBRANÇAS DA VELHA LIVERPOOL
IGREJAS DE LANCASHIRE
AS RUAS DE LIVERPOOL
"PERDOE-ME, WATSON, MAS SE EU TIVESSE FEITO ISSO, VOCÊ TERIA SIDO LEVADO INCONTROLAVELMENTE A FAZER SUPOSIÇÕES FANTASIOSAS QUE IRIAM NOS *DISTRAIR*."
"NÃO DEMOREI A ENCONTRAR REGISTROS DOS TRABALHOS DO SR. JOSEPH WILLIAMSON, OU 'A TOUPEIRA', COMO FICOU CONHECIDO DEPOIS. UM TRIBUTO GRAVADO PARA QUEM ADORNA O VESTÍBULO DA IGREJA, ACIMA."
MAS CHRISTIAN SABIA O SUFICIENTE PARA CRIAR UM MAPA.
AS ESCAVAÇÕES CONTINUARAM ATÉ A SUA MORTE, MENOS DE 50 ANOS ATRÁS, E AINDA ASSIM OS TÚNEIS JÁ HAVIAM GANHADO O STATUS DE *LENDA*.
CONSEQUENTEMENTE, DADOS PRECIOSOS SOBRE A LOCALIZAÇÃO EXATA OU A EXTENSÃO DO LABIRINTO EXISTIAM.
NO QUAL INDICAVA UMA TRILHA NA DIREÇÃO DO RIO, EVIDENTEMENTE INTERPRETANDO MAL O INTERESSE DE JOHNSON NOS TÚNEIS QUE LEVAVAM ÀS DOCAS.
A IGREJA DE SAINT MARY, NO ENTANTO, *NÃO* APARECIA NO MAPA.

SANTO DEUS!
ISSO É INACREDITÁVEL, HOLMES! O ACABAMENTO É PRIMOROSO, E, NO ENTANTO, ESTÁ TUDO AQUI EMBAIXO, ENTERRADO PARA QUE NINGUÉM POSSA VER.
PELO QUE LI, O VELHO WILLIAMSON GOSTAVA ASSIM. ESSAS CATACUMBAS NÃO FORAM CRIADAS PARA IMPRESSIONAR.
BEM, POR QUE CRIÁ-LAS ENTÃO? ELE ERA LOUCO? ELE AMBICIONAVA CRIAR SEU PRÓPRIO REINO?
DEVE HAVER ALGUMA VERDADE NISSO.
NO ENTANTO, A CONSTRUÇÃO DOS TÚNEIS TAMBÉM DEU EMPREGO AOS VETERANOS DA GUERRA CONTRA NAPOLEÃO.
SEM WILLIAMSON, QUEM SABE COMO ESSES HOMENS E SUAS FAMÍLIAS TERIAM SOBREVIVIDO?
UM FILANTROPO ENTÃO? NOTÁVEL!

KUNKK
"SENHOR?"
SKIK
SENHOR, NÃO ESTOU CERTO SE DEVERÍAMOS...
KKRAKKKK
TENHO DEZ CADÁVERES, OITO DELES MORTOS POR UMA PANTERA GIGANTE.
SEUS HOMENS DISSERAM QUE UM CAIXOTE FOI DEIXADO AQUI NA NOITE PASSADA, DE MODO QUE O FELINO DEVIA SER DE HITCHCOCK.
NÃO VOU DEIXÁ-LO ESCAPAR!
BLOQUEIEM ESSA ENTRADA!
É-É UM POUCO DEMAIS, NÃO? OS ASSASSINOS, DEPOIS A FERA À SOLTA, E AGORA ISSO!
QUEM PRECISA DO SPRING HEELED JACK? OS JORNAIS TERÃO MUITO COM O QUE SE DIVERTIR!
TERÃO MESMO. MALDITOS CHACAIS.

RRR
O QU...
HITCHCOCK? VOCÊ ESTÁ AÍ? AQUI É O INSPETOR THORNTON DA POLÍCIA MUNICIPAL.
HELLO HELLO
HELLO
JESUS! CLAMHACH PEARÓID!
KLANGKK

TEM CERTEZA DE QUE SABE POR ONDE VIEMOS, HOLMES?
ESSAS PASSAGENS AINDA NÃO CORRESPONDEM AO MAPA DO SR. CHRISTIAN. MAS NÃO TEMA.
NÃO ESTAMOS PERDIDOS.
NÃO DEVERÍAMOS TER UMA LINHA QUE NEM ARIADNE?
MIOLOS DE PÃO, PELO MENOS...
AH! DE JEITO NENHUM, DE JEITO NENHUM.
TUDO DE QUE PRECISAMOS É UM CONHECIMENTO BÁSICO DA GEOGRAFIA DE LIVERPOOL.
CREIO QUE ESSAS ESCADAS DEVEM DAR LÁ FORA EM CANNING...
SE VOCÊ ESTÁ DIZENDO, SERIA AGRADÁVEL RESPIRAR AR FRESCO NOVAMENTE.
AQUI TEMOS UM OUTRO MECANISMO DE CONTRAPESO.
ESTÁ UM POUCO ÚMIDO AQUI. IMAGINO QUE ESTEJAMOS BEM EMBAIXO DE UM BOLSÃO D'ÁGUA...
KLUNK
TK TK TK TK TK
BASTA PUXAR A CORRENTE QUE ENGATA O CONTRAPESO...

SPLOOOSHHHH
O QUE ESTÁ ACONTECENDO?!
A ENXURRADA! DEVE TER ENCHIDO A CÂMARA ACIMA!
WATSON! SEGURE-SE EM ALGO, RÁPIDO!
HOLMES! *HOLMES!*
NGAA
NO
WATSON!

NÃO MUITO ESPERTO, HEIN, IRLANDÊS?
QUEM JÁ OUVIU FALAR DE UM TIRA IRLANDÊS? PARECE A DEIXA PARA UMA PIADA RUIM.
AGINDO ASSIM TÃO CHEIO DE MARRA, QUANDO A SUA CASTA É O QUE HÁ DE PIOR NA ESCÓRIA.
VOCÊ É UM TRAIDOR DA SUA PRÓPRIA GENTE.
ATACAR UM OFICIAL DA LEI É UMA OFENSA SÉRIA, SR. DRUMMOND.
KKKRANG
MAS ATACAR UM IRLANDÊS...
WHOKK
...BEM, ISSO É MUITO SÉRIO!

PAKW
BOK
ARAWK
AWRK
KRAANNGGG
TANG

QUANTOS ESTÃO MORTOS, OU QUASE, POR SUA CAUSA?
PAKK
AQUELE GOLPE ESTÚPIDO COM O GATO NÃO É NEM METADE DA COISA, NÉ?
ESCÓRIA COMO VOCÊ EXPLORANDO GENTE DECENTE, AQUELES QUE NÃO TÊM OPÇÕES, QUE NÃO TÊM ESCOLHA.
BEM, VOCÊ COMETEU UM ERRO, FINALMENTE, E AQUI ESTOU... *A LEI*... À SUA ESPERA.
KRAK
CADÊ TODA ESSA ESPERTEZA, HEIN?
SKKRAKKK
WHMPF
WHMPF
BEM... UFF ESSE NÃO FOI UM BELO... UFF PASSEIO AO ZOOLÓGICO?
MAS... UFF QUER SABER, INSPETOR?... UFF O MELHOR AINDA ESTÁ POR VIR.

POIS AGORA É A *HORA DA REFEIÇÃO!*
HAHAHA
HAKK HAAK
HAHAHAHA

HHHULGG
HAKK
"QUE DIABO FOI ISSO?"

VOCÊ VIU AQUILO? ERA ENORME!
SHHH
GUAA!
KOF KOF
ONDE ESTÁ? EU O VI PASSAR PELO MASTRO!
SOCORRO! AJUDEM-ME!
KOF
AAAGHH
SOLTEM AS REDES! SOLTEM-NAS!
DEUS TODO-PODEROSO! ELE NOS PEGOU!

O QUE VOCÊ ESTÁ FAZENDO, SEU IDIOTA?! LARGUE!
SOCORRO! SOCORRO, POR FAVOR!
MEU DEUS!

O DEMÔNIO DE LIVERPOOL

PARTE 5: O SUBMUNDO

ARTE: FRANCESCO FRANCAVILLA

BOOM
DOCAS DE LIVERPOOL, AGOSTO DE 1888.
EI, DÁ PRA OLHAR ONDE ANDA?
EU DIGO!

PARE... PARE DE RIR...
HAH HA HA HAK HA
...RINDO... OFICIAIS ESPERANDO... ESPERANDO DO LADO DE FORA...
AH, TARDE DEMAIS. MUITO, MAS MUITO TARDE.
ADEUS, INSPET...
PARE!
N-NÃO SE MOVA!
MUITA GENTE JÁ ESTÁ MORTA. HÁ SANGUE NAS MINHAS MÃOS POR SUA CAUSA.
N-NÃO VOU DEIXAR VOCÊ FAZER ISSO.
HA HA HAK HA HA

AH, SIM, VAI.
ELE NÃO VEIO AQUI ATRÁS DE MIM. ESTÁ AQUI PRA PRENDER O SUJEITO QUE ERA DONO DO GATO.
ESTOU LHE FAZENDO UM FAVOR.
ALÉM DO MAIS, VOCÊ NÃO TEM CULHÕES E SABE DISSO.
VOCÊ É FRACO, HITCHCOCK. ISCA FÁCIL.
POR QUE VOCÊ ACHA QUE TE EMPRESTAMOS DINHEIRO A PRINCÍPIO?
THORNTON AQUI SABE. ELE MANJA.
É A SOBREVIVÊNCIA DOS MAIS FORTES.
MATAR OU MORRER.
E VOCÊ NÃO É UM ASSASSINO. OU SERIA, HITCHCOCK?
NÃO COMO EU!
KRAKKK

TAVERNA "A FROTA BÁLTICA".
BALTIC FLEET
...ACHÁVAMOS QUE ESTAVA PERDIDO!
VOCÊ COLOCOU PARA FORA UNS CINCO LITROS DO MERSEY, E DEUS SABE QUE ISSO PODERIA MATAR A MAIORIA DE NÓS!
OLHA, EU MESMO QUASE CAÍ TAMBÉM. É MELHOR UMA BARRIGA CHEIA DE ÁGUA DO RIO DO QUE SER LEVADO PELO SPRING HEELED JACK, NÉ?
PLSSHHH
PODERIA INCENDIAR TODO MUNDO COM UMA BAFORADA...
PARA DEPOIS SUMIR, TIPO... MAR ADENTRO.
NÃO ERA UM DEMÔNIO. EU... ACHO QUE ESTAVA ATRÁS DOS PEIXES.
ATRÁS DOS *PEIXES?* VOCÊ DEVE TER BATIDO COM A CABEÇA, AMIGO. NÃO ESTÁ PENSANDO COISA COM COISA.
ERA UM MORCEGO. UMA ESPÉCIE DE... MORCEGO GIGANTE.
E ELE NÃO "SUMIU". DEVE ESTAR ESCONDIDO EM ALGUM LUGAR, EM ALGUMA CAVERNA OCULTA. TALVEZ ATÉ MESMO EM UM DOS TÚNEIS DE WILLIAMSON.

WILLIAMSON...?
ERA O MALDITO SPRING HEELED JACK! VOCÊ NÃO SOUBE?
PODE TER SIDO UM MORCEGO.
EU ESTIVE EM BALI ALGUNS ANOS ATRÁS. HAVIA MONSTROS DE VERDADE POR LÁ!
MAS ELE MATOU GENTE! UM SUJEITO NO MUSEU, PARA COMEÇAR!
BEM, SEJA O JACK OU UM MORCEGO, SOA BEM PERIGOSO PARA MIM!
ESSE É EXATAMENTE O MEU PONTO.
ESSA CRIATURA PODERIA SER EXTREMAMENTE PERIGOSA. E PODE TER ALGO A VER COM OS ASSASSINATOS.
TENHO QUE ENCONTRAR HOLMES!
DR. WATSON, ACHAVA QUE FOSSE VOCÊ.
SOU EU, O CAPITÃO TAGGART... NOS CONHECEMOS OUTRO DIA.
AH, SIM, CLARO.
PARECE QUE TEMOS QUE AGIR RÁPIDO. SE VOCÊ TIVER RAZÃO SOBRE O MORCEGO, ENTÃO NÃO VAMOS QUERER QUE ELE FUJA.
BEM, NÃO, MAS...

SE FORMOS PARA A ESQUERDA, NÃO ESTAREMOS MUITO LONGE.
OUVI HISTÓRIAS SOBRE ESSES TÚNEIS QUANDO ERA GURI, MAS NUNCA ACHEI... QUER DIZER, NÃO ***ACREDITAVA...***
SIM, É INCRÍVEL, NÃO? WATSON FICOU IGUALMENTE IMPRESSIONADO ANTES DE...
QUER DIZER, ANTES QUE O PERDESSE.
ESTAMOS SEGUINDO A TRILHA DA ÁGUA QUE EU LIBEREI, QUE SERIA A TRILHA PELA QUAL WATSON FOI CARREGADO.
SÓ PODEMOS ESPERAR QUE ELE NÃO FIQUE VAGANDO E SE PERCA.
SE É QUE ELE CONSEGUE ANDAR.
Q-QUALQUER UM PODE ESTAR AQUI EMBAIXO.
QUALQUER UM OU... ***QUALQUER COISA!***
AH! SERÁ QUE EU FUI LANÇADO COMO TESEU ENTÃO? OU TALVEZ VIRGÍLIO?
NÃO... NÃO HÁ MINOTAURO AQUI EMBAIXO.

A-HA! EU RECONHEÇO ISSO. VI O SEU PAR NA SALA DE ESTAR DA PRISÃO.
É O SAPATO DE TOM CHRISTIAN.
NÃO ESTAMOS LONGE.
LOGO SERÁ HORA DE VOLTAR E SE CERTIFICAR DE QUE VOCÊS SEGUIRAM MINHAS INSTRUÇÕES *PERFEITAMENTE*.
AS SETAS OS GUIARÃO.
NÃO HÁ UM INSTANTE A PERDER.
O TEMPO E A MARÉ NÃO DURAM PARA HOMEM ALGUM.
MINOTAURO?
EI, OLHA ONDE ANDA, AQUELA PEDRA ESTÁ SOLTA.
ESTOU VENDO, SENHOR, OBRIGADO.

VOU PEGÁ-LO EM UM INSTANTE, SR. HITCH.
NINGUÉM PODE SALVÁ-LO AGORA. OS MALDITOS TIRAS ACHAM QUE VOCÊ É MUITO MELHOR DO QUE O RESTO DE NÓS.
MAS VOCÊ É APENAS UM HOMEM, THORNTON.
UM HOMEM *MORTO!*
NÃO!
AAHAA
HAKKA HAK
HA HA
HAA HA HA
V-VOCÊ... N-NÃO DÁ PARA ACREDITAR...
ACREDITE, SR. HITCH, POIS VOCÊ É O PRÓXIMO!
NÃO.

HA HAKKAHAHAA HAH HA HAKK
HAAAAAAAKKK
M-MEU DEUS!
HAK HAH HAKKA HA
URKKK
É VOCÊ.
L-L-LAMENTO TANTO... EU... NÃO... *NÃO PODIA...*
HAHAKKAHAK HAKK HA
HAA HAHH
AHH... CHEGA DISSO.
AGORA... *SUFF* PELO AMOR DE DEUS... *SUFF* ME PUXE PARA CIMA!
NNGG

SPLSS
ENTÃO, COMO VOCÊ FOI PARAR NO RIO?
ALGUMA ESPÉCIE DE RESERVATÓRIO. UM PORÃO, TALVEZ. A TEMPESTADE DEVE TÊ-LO FEITO TRANSBORDAR.
QUANDO ABRIMOS A ESCOTILHA...
CERTO, MAS COMO FOI QUE VOCÊ ACABOU TENDO QUE ABRIR A ESCOTILHA EM PRIMEIRO LUGAR? SE NÃO SE IMPORTA QUE EU PERGUNTE.
HOLMES DEVE TER... HM... CALCULADO MAL.
AGORA, PARA ONDE PODE TER IDO A CRIATURA?
ENTÃO, VOCÊ NÃO ESTAVA PROCURANDO ALGO ESPECIAL?
NOS TÚNEIS?
HÃ? AH, EU... NÃO TENHO CERTEZA, PARA SER HONESTO.
TEM ALGO ALI?
AH. NÃO. UM OUTRO CANO. MUITO PEQUENO...
PRA VOCÊ? CREIO QUE PODIA TER ESCAPADO POR ALI.
NÃO ME PASSOU PELA CABEÇA.
NÃO, ME REFIRO AO MORCEGO.
ESPERA AÍ! UMA ABERTURA! ESSE DEVE SER O LUGAR.
ORA, ISSO MESMO.

ESSE PARECE MUITO PROMISSOR! O ARCO ALI PARECE MUITO COM OS QUE VI MAIS CEDO.
ENTÃO VOCÊ ACHA QUE DEVE ESTAR CONECTADO?
SKKRRKKK
SKWEEE
ACHO QUE SIM. ISSO. ESTÁ SE MOVENDO.
SANTO DEUS! QUE CAVERNA!
ATÉ MESMO HOLMES FICARIA IMPRESSIONADO COM ISSO, CREIO.
VEJA, UMA LUZ!
O QUÊ? ELE TEM RAZÃO.
ALGUÉM ESTÁ LÁ! DENTRO!
SAIU! DEVEM TER NOS ESCUTADO!

RÁPIDO, HOMENS, LANTERNAS!
UMA VERDADEIRA CAVERNA DE CONTRABANDO!
MEU DEUS...
MAIS LUZ, RAPAZES! NÃO LHES DÊ UMA SOMBRA PARA QUE POSSAM SE ESCONDER!
LOGO IREMOS DESENTOCÁ-LOS.

É COMO ALGO SAÍDO DIRETO DE UM ROMANCE JUVENIL! INACREDITÁVEL.
ISSO É OURO! ACHO QUE OS INTERROMPEMOS ENQUANTO EMPACOTAVAM.
SIM, TALVEZ TENHAMOS FEITO ISSO.
NADA AQUI, CAPITÃO, DEVEM TER FUGIDO PELOS TÚNEIS.
EU *DISSE* QUE DEVÍAMOS TER DINAMITADO OS TÚNEIS!
VOCÊ...
ESTA É A *SUA* CAVERNA!
BRAVO, WATSON, TEM RAZÃO!
INFLAMÁVEL ARMA
E ESTOU MUITO FELIZ EM VER QUE VOCÊ ENCONTROU O SEU CAMINHO EM UMA TENTATIVA.

ESSES *CAVALHEIROS* FICARAM ACUMULANDO ESSAS COISAS DURANTE MESES, ANOS ATÉ.
HOLMES! CADÊ VOCÊ, SEU COVARDE?
"MAS NÃO FOMOS OS PRIMEIROS A ENCONTRAR ESTE LUGAR."
"ESSA HONRA PERTENCE AO POBRE TOM CHRISTIAN."
ELE O ACHOU ENQUANTO TENTAVA MAPEAR OS TÚNEIS.
TUDO POR ALGUMAS MOEDAS DAQUELE, ASSIM CHAMADO, MÉDIUM.
"TOM JÁ ESTAVA FUGINDO PARA DENTRO DO LABIRINTO QUANDO FOI ATACADO."
"FOI ATACADO POR TRÁS COM UM GANCHO DE ESTIVADOR."
VOCÊ O DEU COMO MORTO, MAS O VELHO TOM PROSSEGUIU.
SANGRANDO ATÉ A MORTE, ELE SE ARRASTOU POR ENTRE ESSES TÚNEIS ESCUROS.
"ATÉ QUE, POR FIM, ELE VEIO À SUPERFÍCIE NA IGREJA DE SAINT MARY."
"A IMPRENSA DESCONSTRUIU SUA MORTE, POIS RESOLVEU ACREDITAR QUE HAVIA UM MONSTRO RONDANDO AS RUAS."
DEVE TER PARECIDO, POR UM INSTANTE PELO MENOS, QUE A SORTE ESTAVA DO SEU LADO, CAPITÃO.
"MAS HAVIA UM OUTRO PROBLEMA. UMA PARTE DO SEU OURO JÁ HAVIA DESAPARECIDO."
DE ALGUM MODO, UMA CAIXA DESTINADA PARA ESTA CAVERNA FOI IDENTIFICADA ERRONEAMENTE E LEVADA PARA O MUSEU WILLIAM BROWN.

"ENTÃO, O ARROMBADOR APOSENTADO RETOMOU SUA CARREIRA."
"AS TATUAGENS DO PRIMEIRO-MARINHEIRO O MARCAM CLARAMENTE. VINTE ANOS EM NOVA GALES DO SUL, A NÃO SER QUE EU ESTEJA ERRADO."
O OURO TAMBÉM SE ORIGINA DE LÁ. EXTRAÍDO SEM AS CARAS LICENÇAS EXIGIDAS PELA LEI, NATURALMENTE.
TALVEZ NO SEU PRÓPRIO PEDAÇO DE TERRA, HÃ?
"AO ENTRAR NO MUSEU, VOCÊ PRETENDIA RECUPERAR O CONTEÚDO DAS CAIXAS."
"MAS O CURADOR FICOU ATÉ TARDE, NA ÂNSIA DE DESEMPACOTAR TUDO NAQUELA NOITE."
KREE
ELE SABIA QUE O MATILDA BRIGGS ESTARIA CONTRABANDEANDO OURO PARA A BRETANHA.
E TINHA QUE SER SILENCIADO
"EM DESESPERO, VOCÊ O ATACOU COM O QUE TINHA À MÃO."
"QUEBROU SEU PESCOÇO COM SEU PRÓPRIO PÉ DE CABRA."
AGORA VOCÊ TINHA OUTRO CORPO DO QUAL SE LIVRAR.
MAS O SPRING HEELED JACK FOI ACUSADO DO ASSASSINATO DE CHRISTIAN. POR QUE NÃO O DO CURADOR TAMBÉM?
AS LACERAÇÕES DO VELHO TOM FORAM INFLIGIDAS CEGAMENTE, EM DESESPERO. O FATO DELAS TEREM SIDO FEITAS COM ALGO PARECIDO COM GARRAS ERA PURAMENTE ACIDENTAL."
"OS FERIMENTOS DO CURADOR, NO ENTANTO, FORAM FEITOS COM CAUTELA E FRIEZA."
EI! EU O PEGUEI! ELE ESTÁ AQUI!
HAWKINS, VÁ ATÉ LÁ! TRAGA-O!

VOU PEGAR ESSE MENDIGO TRAIÇOEIRO!
YAAAG
OOOOPH
CHAKACHAKACHAKKACHAKACHAK
FWWPPP
YYYAAAAAAAAAAA
AHA!
UFF
YAAA
NÃO É ELE, CAPITÃO! NÃO É O DETETIVE!

KKKKRKREEEEK
DESÇA-
ME DAQUI!
SOCORRO!
SOCORRO!
É O
MALDITO
SPRING
HEELED
JACK!
HHHAAA
SSSCRREEEEEE
AAGHH!
KLKK

MEU DEUS, UM MORCEGO GIGANTE!
"QUE EXTRAORDINÁRIO!"
VAMOS LÁ, SERÁ QUE PODEMOS TORNAR JUSTA ESTA LUTA?
?
SIM, VAMOS!
WHFFFFF
É QUASE *JUSTA*...
GHAGH
...SE VOCÊ TEM UMA *ARMA!* E AGORA?
UNGH
GOLPES INDIRETOS. ESTOU DE OLHO!
MMNN
OLHA ONDE PISA, SR. HOLMES!
KRKK
VVVWWNPP
AH, A CORDA!

VVVVWWWWPPPPAAAAAA
NUKK
GUHH
MMM
CRNCH
CRNCH CRNCH
HUFF HUFF
SKIKK
NNG
?
DIZEM QUE UM CAPITÃO SEMPRE AFUNDA COM O SEU BARCO.
POR SORTE, EU FIQUEI COM ESSA ARMA SINALIZADORA...
BLAMM
"...PERMITA-ME SINALIZAR A SUA AFLIÇÃO."
BA BOOM

...PELO MENOS O SUJEITO PODIA NADAR. MUITOS MARINHEIROS AINDA NÃO CONSEGUEM, EU ENTENDO. UMA VELHA SUPERSTIÇÃO NA QUAL TUDO CABE EM "PERTENCENDO AO MAR".
SABE O RESTO, CLARO. AQUELE SEU AMIGO COVEIRO CONDUZIU OS SEUS OFICIAIS ATRAVÉS DOS TÚNEIS, SEGUINDO A TRILHA DE GIZ QUE VEM DA CRIPTA NO CEMITÉRIO.
FELIZMENTE, EU PUDE ESTANCAR O FERIMENTO À FACA NO JOVEM JAMES, QUE DEVE CICATRIZAR A QUALQUER HORA.
BRAVO, RAPAZ. QUASE TANTO QUANTO O HOLMES AQUI! VOCÊ DEVIA TÊ-LO VISTO NAQUELA CORDA!
HOTEL GREAT NORTH WESTERN, NA TARDE SEGUINTE.
AH, WATSON, VOCÊ EXAGERA.
AINDA ASSIM, EU AGRADEÇO POR VOCÊ ESTAR AQUI PARA FAZÊ-LO! MAIS UMA VEZ, MINHAS DESCULPAS PELA TOLICE COM AQUELE ALÇAPÃO.
DEIXA PARA LÁ.
BEM, NÃO É EXAGERO DIZER QUE VOCÊ FEZ UM GRANDE TRABALHO.
JUNTO COM TAGGART E OS OUTROS PEGOS NA CAVERNA, OS RAPAZES PRENDERAM BOA PARTE DA TRIPULAÇÃO DO MATILDA BRIGGS.
EU NÃO DEVERIA PENSAR QUE MUITOS OUTROS SOUBESSEM O QUE ESTAVA ACONTECENDO. TAGGART E JENKS FORAM ESPERTOS O SUFICIENTE PARA NÃO CORRER O RISCO DE TODA A TRIPULAÇÃO ESTAR ENVOLVIDA.
OS HOMENS FORAM PAGOS GENEROSAMENTE, DE MODO QUE NÃO FIZERAM MAIS PERGUNTAS.

VERDADE. AINDA ASSIM, É MELHOR, NA DÚVIDA, DAR UMA APERTADA NOS CARAS, NÉ?
NÃO QUE EU POSSA PEDIR MUITO MAIS.
UMA FORTUNA EM OURO NÃO REFINADO E SEM LICENÇA E VOCÊS LEVAM OS RESPONSÁVEIS PARA TRÁS DAS GRADES.
ORA, THORNTON, VOCÊ NÃO ESTAVA EXATAMENTE À TOA, ESTAVA?
FALE MAIS SOBRE ESSE NEGÓCIO DOS ANIMAIS SELVAGENS.
NÃO HÁ MUITO O QUE CONTAR, DOUTOR.
UM SUJEITO BAIXO CHAMADO DRUMMOND ACABOU SE MATANDO, MAS HÁ MUITOS POR AÍ QUERENDO FICAR NO SEU LUGAR.
VOCÊ SOUBE DA PANTERA. FOI O BANDO DELE QUE A SOLTOU. E O SEU MORCEGÃO TAMBÉM, ATÉ ONDE SEI.
ELES VINHAM ATORMENTANDO O DONO — UM SUJEITO DECENTE — E ROUBADO DELE TAMBÉM.
DEVE TER ESCAPADO OU COISA PARECIDA. HITCHCOCK E EU ENCONTRAMOS O QUE SOBROU DELE NO POÇO DA HIENA.
DE FATO. E O MORCEGO?
O PRENDERAM HOJE DE MANHÃ. É UM BICHO INOFENSIVO, NATIVO DA SUMATRA, QUE COME PEIXES. APARENTEMENTE, É VELHO.
HITCHCOCK VAI CHAMÁ-LO DE *JACK!*
WHMPP
MEU DEUS! É MELHOR IRMOS EMBORA, HOLMES.

DOUTOR, FOI UM PRAZER.
AH, E DA PRÓXIMA VEZ QUE FOREM ABRIR UMA CÂMARA SECRETA, CERTIFIQUEM-SE DE QUE TERÃO A SITUAÇÃO SOB CONTROLE, CERTO?
AH, COM CERTEZA. CUIDE-SE BEM, INSPETOR.
HOLMES.
THORNTON.
GO N-EIR! AN T-ÁDH LEAT.
GURAB AMHLAIDH DUIT.
VENHA, WATSON. CHEGA DE LIVERPOOL COM SEUS DEMÔNIOS, LABIRINTOS E FERAS SELVAGENS, CERTO?
DE VOLTA À NOSSA CIDADE ÚMIDA E ENEVOADA, À RUA BAKER, À POLTRONA FAMILIAR, À LAREIRA E A UMA DAS EXCELENTES REFEIÇÕES DA SRA. HUDSON.
SE TIVERMOS SORTE, PODERÁ HAVER ATÉ UM CASO À NOSSA ESPERA.
FIM

O DEMÔNIO DE LIVERPOOL

GALERIA DE CAPAS • ARTE DE FRANCESCO FRANCAVILLA

PIXEL

DIRETORIA: JORGE CARNEIRO E ROGÉRIO VENTURA
COORDENAÇÃO EDITORIAL: ELIANA RINALDI
DIREÇÃO DE ARTE: TÉLIO NAVEGA
MARKETING: EVERSON CHAVES
COMERCIAL: THIAGO NAVEGANTES

TRADUÇÃO: HEITOR PITOMBO
REVISÃO: DALVA CORRÊA, MARIA FLAVIA DOS REIS E MARTA CATALDO
LETREIRAMENTO: STUDIO DELREY
CAPA: JEFFERSON GOMES

EDITORA NOVA FRONTEIRA PARTICIPAÇÕES S/A
RUA CANDELÁRIA, 60 - 7º ANDAR - CENTRO.

DYNAMITE

NICK BARRUCCI, PRESIDENTE EXECUTIVO / EDITOR
JUAN COLLADO, PRESIDENTE / DIRETOR DE OPERAÇÕES
BRANDON DANTE PRIMAVERA, VICE-PRESIDENTE DE TECNOLOGIA E OPERAÇÕES
RICH YOUNG, DIRETOR DE DESENVOLVIMENTO DE NEGÓCIOS

JOE RYBANDT, EDITOR EXECUTIVO
MATT IDELSON, EDITOR SÊNIOR
ANTHONY MARQUES, EDITOR ASSOCIADO
KEVIN KETNER, EDITOR ASSOCIADO

GEOFF HARKINS, DIRETOR DE CRIAÇÃO
CATHLEEN HEARD, DESIGNER GRÁFICO SÊNIOR
ALEXIS PERSSON, DESIGNER GRÁFICO
CHRIS CANIANO, PRODUTOR DIGITAL
RACHEL KILBURY, PRODUTOR DE MÍDIA DIGITAL

ALAN PAYNE, VICE-PRESIDENTE DE MARKETING E VENDAS
PAT O'CONNELL, GERENTE DE VENDAS
AMY JACKSON, ASSISTENTE ADMINISTRATIVO

CONTÉM MATERIAL ORIGINALMENTE PUBLICADO EM SHERLOCK HOLMES #1-5 (THE LIVERPOOL DEMON). PUBLICADO ORIGINALMENTE POR DYNAMITE ENTERTAINMENT, 113 GAITHER DR., STE 205, MT. LAUREL, NJ 08054.

OUTRAS HISTÓRIAS DE

SHERLOCK HOLMES

“Sherlock está muito bem e vivo dentro deste livro!”

– J. Michael Straczynski,
criador de *Babylon 5*, roteirista de *Thor*,
Guerra Mundial Z e *A Troca*, de Clint Eastwood

ELECTROLA

Pixel

OUTRAS HISTÓRIAS DE

SHERLOCK HOLMES

O JULGAMENTO DE SHERLOCK HOLMES

Roteiro **Leah Moore**
John Reppion
Ilustrações **Aaron Campbell**
Cores **Tony Aviña**

Dedicado a **Sir Arthur Conan Doyle**

"Ele tem poucos amigos.
E um número menor de
pessoas próximas. Um irmão
no governo. Nenhum outro
familiar conhecido."

"E, tirando partido
da vantagem de um
observador imparcial,
posso dizer que ele é um
enigma tão inescrutável
quanto os indícios que
decifra tão prontamente."

“Observo esse detetive, e o examino um pouco mais. Contudo, apesar da minha reconhecida aversão a mistérios, vejo que minha mente é incapaz, ou talvez não esteja disposta, de desistir do enigma sempre presente em todos os meus pensamentos...”

“Quem é esse Sherlock Holmes?”

– Dr. John Watson

ELECTROLA

O JULGAMENTO DE SHERLOCK HOLMES

PARTE 1

ARTE: JOHN CASSADAY

LONDRES. EXTREMO LESTE. OUTUBRO DE 1895.
CLICK
HÃ? DROGA!
ESQUECI O MALDITO CHAPÉU...

BOOM
DEUS NOS ACUDA!
FOGO!
FOGO!

Moradores de um quarteirão no extremo leste da cidade foram arrancados de suas camas nas primeiras horas da manhã de ontem por conta de uma imensa explosão.
A detonação ocorreu na esquina da Alameda Challenger com a Rua Doyle. Uma grande quantidade de explosivos foi colocada dentro de um armazém por pessoas desconhecidas.
O acaso e a oportuna intervenção do Corpo de Bombeiros local garantiram que nenhuma vida fosse perdida e evitaram maiores danos à propriedade.
No entanto, é razoável dizer que um grande número de moradores sofreu sérios abalos nos nervos, alguns tendo sido queimados pelo imenso calor.
O inspetor Bradstreet, da Scotland Yard, foi incumbido da tarefa de rastrear aqueles que foram responsáveis pelo notável crime e declarou:
"Embora ainda não tenham sido efetuadas prisões, fiquem certos de que faremos o máximo de esforço para encontrar os culpados e levá-los à justiça."

ocorreu na esquina da Alam
Challenger com a Rua Do
Uma grande quantidade
explosivos foi colocada dent
de um armazém por pessoa
desconhecidas.
O acaso e a oportuna intervenção
Corpo de Bombeiros
garantiram que não se
essem vidas nem houvess
tendo sido queimados
imenso calor.
inspetor Bradstreet da
nd Yard foi incumbido da
de rastrear aqueles que
responsáveis pela imensa
CHEGAMOS, SENHOR. BAKER STREET.
ALTO LÁ!
AH, DOMUS, DULCIS, DOMUS.
EXPLOSÃO!!!
221
DING DONG

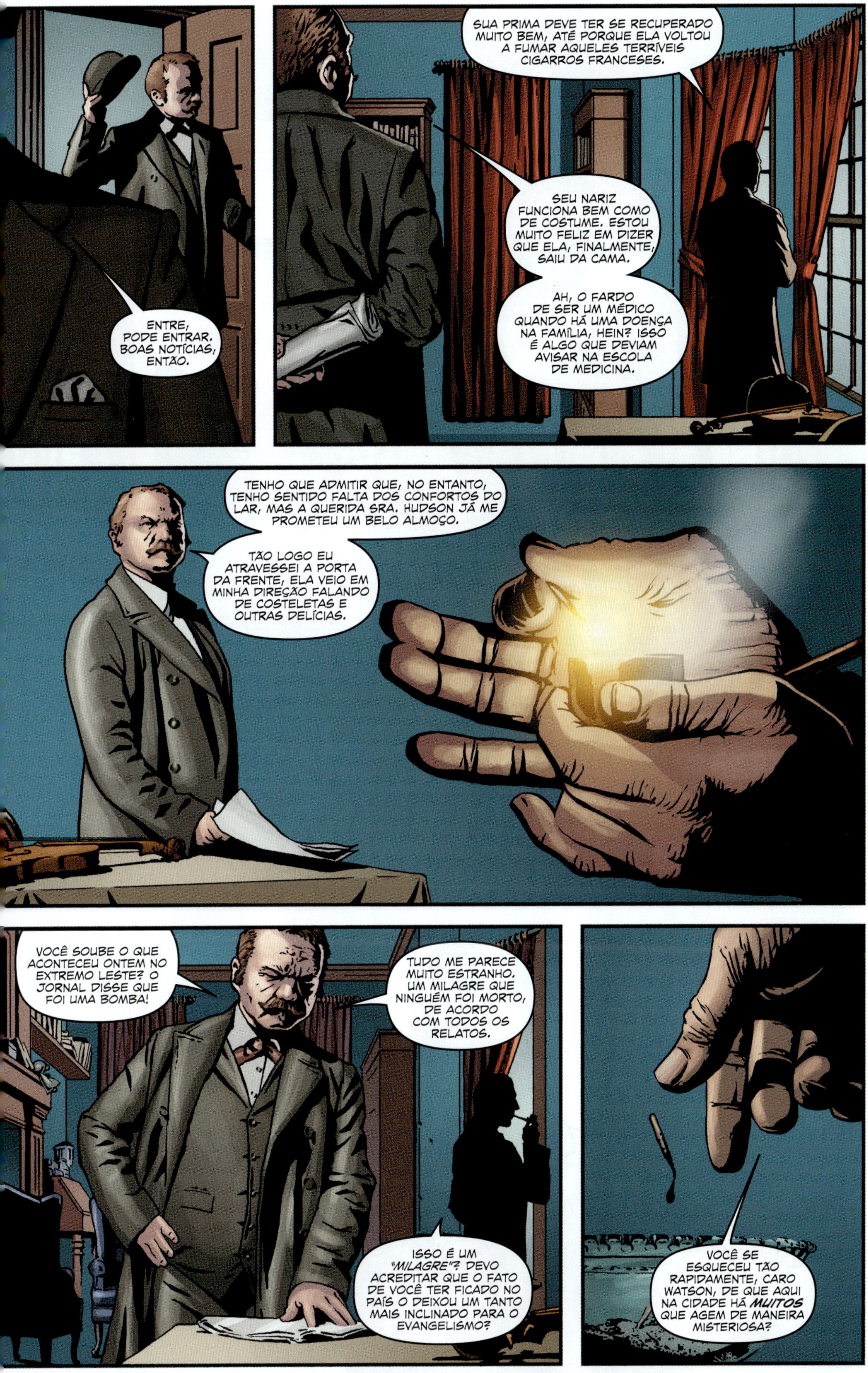
ENTRE, PODE ENTRAR. BOAS NOTÍCIAS, ENTÃO.
SUA PRIMA DEVE TER SE RECUPERADO MUITO BEM, ATÉ PORQUE ELA VOLTOU A FUMAR AQUELES TERRÍVEIS CIGARROS FRANCESES.
SEU NARIZ FUNCIONA BEM COMO DE COSTUME. ESTOU MUITO FELIZ EM DIZER QUE ELA, FINALMENTE, SAIU DA CAMA.
AH, O FARDO DE SER UM MÉDICO QUANDO HÁ UMA DOENÇA NA FAMÍLIA, HEIN? ISSO É ALGO QUE DEVIAM AVISAR NA ESCOLA DE MEDICINA.
TENHO QUE ADMITIR QUE, NO ENTANTO, TENHO SENTIDO FALTA DOS CONFORTOS DO LAR, MAS A QUERIDA SRA. HUDSON JÁ ME PROMETEU UM BELO ALMOÇO.
TÃO LOGO EU ATRAVESSEI A PORTA DA FRENTE, ELA VEIO EM MINHA DIREÇÃO FALANDO DE COSTELETAS E OUTRAS DELÍCIAS.
VOCÊ SOUBE O QUE ACONTECEU ONTEM NO EXTREMO LESTE? O JORNAL DISSE QUE FOI UMA BOMBA!
TUDO ME PARECE MUITO ESTRANHO. UM MILAGRE QUE NINGUÉM FOI MORTO, DE ACORDO COM TODOS OS RELATOS.
ISSO É UM *"MILAGRE"*? DEVO ACREDITAR QUE O FATO DE VOCÊ TER FICADO NO PAÍS O DEIXOU UM TANTO MAIS INCLINADO PARA O EVANGELISMO?
VOCÊ SE ESQUECEU TÃO RAPIDAMENTE, CARO WATSON, DE QUE AQUI NA CIDADE HÁ *MUITOS* QUE AGEM DE MANEIRA MISTERIOSA?

NÃO TENHO DÚVIDAS DE QUE VOCÊ TAMBÉM LEU RECENTEMENTE SOBRE A IMINENTE VISITA DO *BARÃO ALBRECHT LOTHAIR*, AFILHADO FAVORITO DO FINADO *PRÍNCIPE CONSORTE*.
ENQUANTO VOCÊ ESTAVA LONGE, EU RECEBIA MENSAGENS DO PRÓPRIO BARÃO LOTHAIR, DIZENDO QUE ELE PODERIA NOS REQUISITAR DURANTE SUA VIAGEM.
ORA, HOLMES, ELE NÃO ESTÁ PROPONDO QUE VOCÊ SE COMPROMETA COM OS SEUS SERVIÇOS, ESTÁ? NÃO SEI SE VOCÊ DEVERIA SE ENVOLVER COM TUDO ISSO.

OBRIGADO PELA SUA PREOCUPAÇÃO, DOUTOR. VOCÊ ELUCIDOU O MEU PONTO PERFEITAMENTE.
OS JORNAIS APENAS PESCARAM AQUELE ASSUNTO DE MAIS DE VINTE ANOS ATRÁS COM MEDO DE FICAR SEM TER O QUE ESCREVER SOBRE A VISITA DE LOTHAIR.
A IMPRENSA SÓ RELATA INCIDENTES QUE JÁ OCORRERAM. E MESMO ASSIM ELA TENTA TURVAR OS FATOS COM OPINIÃO E SENSACIONALISMO.
O BARÃO LOTHAIR SÓ QUER CONTAR CONOSCO POR SER ADMIRADOR DO NOSSO TRABALHO. UM FATO QUE, NO ENTANTO, PARECEU DELEITAR O MEU IRMÃO.

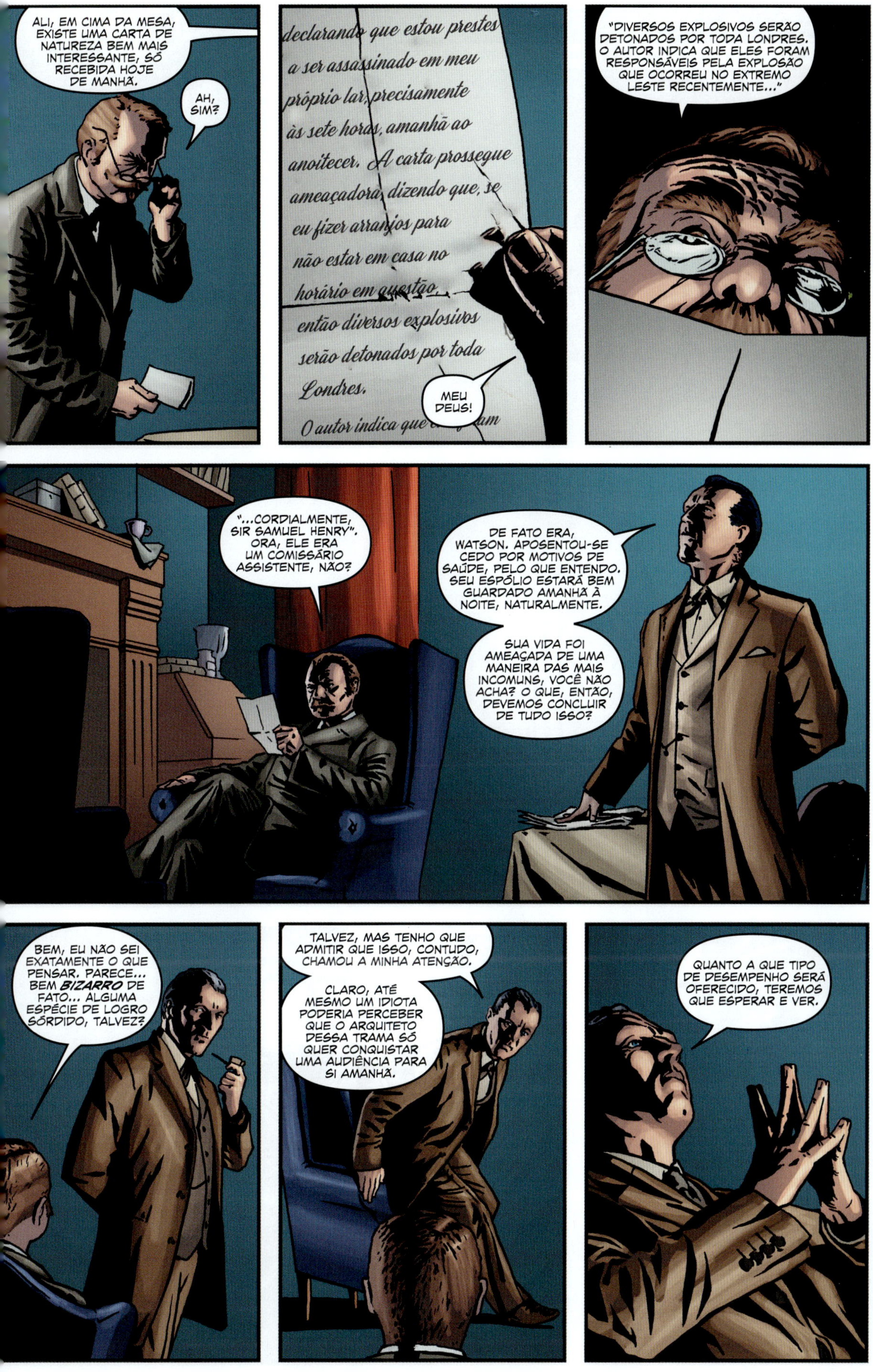
ALI, EM CIMA DA MESA, EXISTE UMA CARTA DE NATUREZA BEM MAIS INTERESSANTE, SÓ RECEBIDA HOJE DE MANHÃ.
AH, SIM?
declarando que estou prestes a ser assassinado em meu próprio lar, precisamente às sete horas, amanhã ao anoitecer. A carta prossegue ameaçadora, dizendo que, se eu fizer arranjos para não estar em casa no horário em questão, então diversos explosivos serão detonados por toda Londres.
MEU DEUS!
"DIVERSOS EXPLOSIVOS SERÃO DETONADOS POR TODA LONDRES. O AUTOR INDICA QUE ELES FORAM RESPONSÁVEIS PELA EXPLOSÃO QUE OCORREU NO EXTREMO LESTE RECENTEMENTE..."
"...CORDIALMENTE, SIR SAMUEL HENRY". ORA, ELE ERA UM COMISSÁRIO ASSISTENTE, NÃO?
DE FATO ERA, WATSON. APOSENTOU-SE CEDO POR MOTIVOS DE SAÚDE, PELO QUE ENTENDO. SEU ESPÓLIO ESTARÁ BEM GUARDADO AMANHÃ À NOITE, NATURALMENTE.
SUA VIDA FOI AMEAÇADA DE UMA MANEIRA DAS MAIS INCOMUNS, VOCÊ NÃO ACHA? O QUE, ENTÃO, DEVEMOS CONCLUIR DE TUDO ISSO?
BEM, EU NÃO SEI EXATAMENTE O QUE PENSAR. PARECE... BEM *BIZARRO* DE FATO... ALGUMA ESPÉCIE DE LOGRO SÓRDIDO, TALVEZ?
TALVEZ, MAS TENHO QUE ADMITIR QUE ISSO, CONTUDO, CHAMOU A MINHA ATENÇÃO.
CLARO, ATÉ MESMO UM IDIOTA PODERIA PERCEBER QUE O ARQUITETO DESSA TRAMA SÓ QUER CONQUISTAR UMA AUDIÊNCIA PARA SI AMANHÃ.
QUANTO A QUE TIPO DE DESEMPENHO SERÁ OFERECIDO, TEREMOS QUE ESPERAR E VER.

SHOOTER'S HILL, SUDOESTE DE LONDRES, NA NOITE SEGUINTE.
ACHO QUE ESSE É O LUGAR.
CONDUTOR! PARE AQUI, POR FAVOR!
OFICIAL, IMAGINO QUE ESTA SEJA A CASA DE SIR SAMUEL HENRY?
NÃO TENHO AUTORIZAÇÃO PARA DAR ESSA INFORMAÇÃO, SENHOR.
A-HÃ. ENTÃO DEVO PRESUMIR QUE ISSO É UM "SIM".
AGORA ESPERE UM MINUTO... OH!

M-MINHAS DESCULPAS, SENHOR. EU NÃO SABIA...
SEM PROBLEMAS, MEU BOM HOMEM.
HOLMES! QUE BOM TE VER! QUASE QUE VOCÊ NÃO CHEGA, HEIN?
AH, LESTRADE! SIM, SINTO QUE TIVEMOS ALGUMA DIFICULDADE PARA ENCONTRAR A CASA.
É UM LUGAR UM POUCO AFASTADO, ADMITO.
SUPONHO QUE VOCÊ SAIBA QUE SIR HENRY ESTÁ SOFRENDO DE TUBERCULOSE.
É MUITO MALDOSO AMEAÇAR UM SUJEITO QUE ESTÁ TÃO PERTO DOS PORTÕES DO CÉU, NÃO ACHA?
BEM, ENTENDO PERFEITAMENTE POR QUE VOCÊ ESTÁ LEVANDO ISSO TÃO A SÉRIO, MAS...
LESTRADE! QUE BOM VÊ-LO, MEU VELHO! VOCÊ ESTÁ BEM?
FAZENDO O MELHOR QUE POSSO, DOUTOR. O MELHOR.
DE FATO, HOLMES, TODA ESSA HISTÓRIA ESTÁ SENDO LEVADA *MUITO* A SÉRIO. SIR HENRY AINDA POSSUI MUITAS CONEXÕES E É MUITO *RESPEITADO* DENTRO DA POLÍCIA.
TALVEZ DEVÊSSEMOS NOS TRANSFERIR PARA A SALA DE ESTAR ANTES QUE VOCÊ COMECE A EXPOR TEORIAS DIFAMATÓRIAS, CERTO?
MEU CARO AMIGO, NÃO SOU SEMPRE O TÍPICO MODELO DE DISCRIÇÃO?
VENHA, DOUTOR.
MAGNÍFICA RELÍQUIA...

TENDO SIDO UM COMISSÁRIO ASSISTENTE, SIR HENRY NATURALMENTE TERIA FEITO INIMIGOS.
CLARO, MAS NÃO NOS DEPARAMOS COM NENHUM *PROVÁVEL* SUSPEITO.
NA MINHA EXPERIÊNCIA, SÃO RAROS OS PROVÁVEIS SUSPEITOS DE QUEM SE DEVE SUSPEITAR.
INSPETOR, QUEM É ESSE HOMEM? JÁ NÃO LHE DISSE QUE NINGUÉM DEVE FUMAR NESTA CASA?
SRA. GAMMAGE, ESTE É O MEU BOM AMIGO, O SR. SHERLOCK HOLMES. ELE SE OFERECEU GENTILMENTE PARA NOS AJUDAR COM A... SITUAÇÃO DE SIR HENRY.
SR. HOLMES, CERTO? ACHO QUE JÁ OUVI O SEU NOME ANTES.
AINDA ASSIM, NÃO VOU DEIXAR QUE NINGUÉM ACENDA UM CACHIMBO NESTA CASA. JÁ CUIDEI DE SIR HENRY POR TEMPO SUFICIENTE PARA SABER QUE A FUMAÇA O FAZ TOSSIR.
DESCULPE, MADAME. IMAGINO QUE A SENHORA SEJA A GOVERNANTA DE SIR HENRY, ACERTEI?
SIM. EU CUIDO DELE.
PERFEITO. PODE FICAR TRANQUILA QUE ESTAMOS FAZENDO O MELHOR POSSÍVEL POR ELE.
HMMM. QUE MULHER DURONA ESSA, HEIN?
DE FATO. ELA FEZ COM QUE NOSSOS RAPAZES FICASSEM NA PONTA DOS PÉS AO REDOR DA CASA A TARDE INTEIRA.
AGORA, NO QUE DIZ RESPEITO À CARTA DE SIR HENRY.
MAIS CEDO, HOJE À TARDE, UM ASSOCIADO MEU SUGERIU QUE EU LIGASSE PARA A REDAÇÃO DO *COMET.*

"ACONTECE QUE O EDITOR LÁ HAVIA RECEBIDO UMA CORRESPONDÊNCIA CURIOSA, ENDEREÇADA SIMPLESMENTE AO 'CHEFE'".
"O MEMORANDO FAZIA REFERÊNCIA À EXPLOSÃO DA RUA DOYLE E MAIS UMA VEZ AMEAÇAVA AÇÃO POSTERIOR."
"NO ENTANTO, ESSA CARTA NÃO FAZIA MENÇÃO A SIR HENRY."
Caro "Chefe"
A Rua Doyle foi o último aviso.
O Barão Lothain não é bem-vindo aqui.
Almani-Lotharingen pentence a
É melhor que França e Bretanha se lembrem de que lado ela está, ou da próxima vez será pior para todo mundo.
"ERA ALGO SEM SENTIDO SOBRE LOTHAIR, ALMANI-LOTHARINGEN E TUDO ISSO QUE ESTÁ NO JORNAL."
"O SUJEITO LÁ PARECEU BASTANTE DESAPONTADO QUANDO SUGERI QUE ELE NÃO DEVERIA PUBLICAR A CARTA E A CONFISQUEI."
MESMO AUTOR DA CARTA DE SIR HENRY?
SEM CHANCE. A DELE FOI DATILOGRAFADA, ESSA ESTAVA UMA BAGUNÇA. PODIA MUITO BEM TER ASSINADO "SAUCY JACKY". MALDITOS FARSANTES.
E ALGUÉM FOI AMEAÇADO?
NÃO ESPECIFICAMENTE. SÓ "BRETANHA DEVE SE LEMBRAR DE QUE LADO ELA ESTÁ".
QUALQUER MALUCO VAI ALEGAR RESPONSABILIDADE PELAS EXPLOSÕES. PROCURANDO BOTAR MAIS PESO POR TRÁS DE SUAS GARRAS.
FIZ COM QUE ELE PASSASSE PARA A ALÇADA DE BRADSTREET. O CASO É DELE, NÃO MEU.

É CLARO QUE, ESSA NOITE, FICAREI FELIZ SE ESTIVERMOS PERDENDO O NOSSO TEMPO NESSAS CIRCUNSTÂNCIAS.
ACHO QUE TODOS PODEMOS CONCORDAR COM O INSPETOR.
NADA ME AGRADARIA MAIS DO QUE GARANTIR A SEGURANÇA DE SIR HENRY, NO ENTANTO ESSA SITUAÇÃO SURGIU EM UM MOMENTO MUITO ESQUISITO.
AH, INSPETOR DAVIS. SÓ ESTAVA DEIXANDO O SR. HOLMES E O DR. WATSON A PAR DE ALGUNS DETALHES.
MUITO SATISFEITO EM CONHECÊ-LO, INSPETOR. CREIO TER LIDO SOBRE O SEU ENVOLVIMENTO NA PRISÃO DO ANARQUISTA MEUNIER HÁ ALGUNS ANOS.
A DELEGACIA ESPECIAL ESTÁ LEVANDO A AMEAÇA DE MAIS EXPLOSÕES A SÉRIO ENTÃO, PARA NOS AGRACIAREM COM A SUA COMPANHIA?
E EU, CLARO, TAMBÉM LI SOBRE SUAS FAÇANHAS, SR. HOLMES.

BEM, CERTAMENTE NÃO PODERÍAMOS IGNORAR TAIS AMEAÇAS.
NO ENTANTO, MEUS COLEGAS E EU NÃO LIDAMOS MAIS EXCLUSIVAMENTE COM BOMBAS, ANARQUISTAS E IRLANDESES.
EMBORA SIR HENRY MAL FAÇA PARTE DA *REALEZA*; QUE ACREDITO SER A SUA *OUTRA* PREOCUPAÇÃO PRINCIPAL.
VOCÊ ESTÁ CERTO, É CLARO, TENHO OUTRAS COISAS COM QUE ME PREOCUPAR, ASSIM QUE ESTE PROBLEMA ESTIVER RESOLVIDO.
"CONFIDENCIALMENTE..."
"HOJE DE MANHÃ, EU RECEBI O BARÃO ALBRECHT LOTHAIR E SUA COMITIVA EM SOLO BRITÂNICO. É CLARO QUE, PUBLICAMENTE, ELE SÓ ESTAVA SENDO ESPERADO NA SEMANA QUE VEM."
"EU E O INSPETOR LESTRADE DEVEREMOS FICAR A CARGO DA SEGURANÇA DURANTE TODA A VISITA DO BARÃO."
LESTRADE? MAS...
BONG
DING DING DING DING DING
CHANG
NOSSA! JÁ SÃO QUINZE PARA AS SETE.
BONG BANG BONG
TING TANG TING TONG
SIM. É MUITO... *ESPANTOSO*, NÃO?
EVIDENTE QUE A PROXIMIDADE DE SIR HENRY COM O MERIDIANO PROVOCOU CERTO FASCÍNIO PELO CONTROLE DO TEMPO.

IMPRESSIONANTE.
VOCÊ DISSE QUE ESTARÁ, JUNTO COM O INSPETOR, ENCARREGADO DA SEGURANÇA DO BARÃO?
CORRETO. LESTRADE FOI ESCOLHIDO A DEDO POR MIM PARA AJUDAR COM OS TRABALHOS. ELE É UM INDIVÍDUO EXCEPCIONALMENTE CAPAZ E CONFIÁVEL.
TALVEZ POSSAMOS ATÉ SER CAPAZES DE PERSUADI-LO A SE AFASTAR PERMANENTEMENTE DA SCOTLAND YARD. QUE TAL, INSPETOR?
BEM, SENHOR. EU... FICO EXTREMAMENTE GRATO COM A OPORTUNIDADE DE PODER TRABALHAR AO SEU LADO EM TÃO IMPORTANTE MISSÃO...
COM LICENÇA, SENHORES. A SRA. GAMMAGE ME INFORMA QUE SIR HENRY ESTÁ CHAMANDO O SR. HOLMES.
CLARO, CLARO. O POBRE SUJEITO DEVE ESTAR BASTANTE AGITADO.
VENHA, WATSON. TEMOS QUE DEIXAR A MENTE DE SIR HENRY EM PAZ.
NA REALIDADE, SENHOR, COM SUA LICENÇA, A SRA. GAMMAGE DEIXOU CLARO QUE SIR HENRY SÓ QUER VER O SENHOR. EM PARTICULAR.
SUA SAÚDE ESTÁ MUITO FRACA, E ELE TEM, COMPREENSIVELMENTE, RELUTADO EM RECEBER VISITAS O DIA INTEIRO.
VÁ ENTÃO, HOLMES. ESTOU CERTO DE QUE SIR HENRY FICARÁ EXTREMAMENTE GRATO EM PODER VÊ-LO.

PELO MENOS ISSO LOGO ESTARÁ RESOLVIDO, HÁ POUCA CHANCE DE PERSONAGENS SOMBRIOS ENTRAREM AQUI *ESTA NOITE.*
ABSOLUTAMENTE, E COM O MAIOR DETETIVE DO MUNDO VELANDO-O, DIFICILMENTE SIR HENRY ESTARIA EM MÃOS MAIS SEGURAS.
POR AQUI, SENHOR.
OBRIGADO, GUARDA. ESTOU CERTO DE QUE CONSIGO ENCONTRAR O CAMINHO DAQUI.
É MELHOR VOCÊ VOLTAR A PATRULHAR A CASA, NÃO?
MUITO BEM, SENHOR.
KNOCK KNOCK
ENTRE, SR. HOLMES. BEM NA HORA.

FIQUE ATENTO, GUARDA! VOCÊ AINDA TEM PELO MENOS DEZ MINUTOS ANTES DE PODER RELAXAR.
DIGA A ELE PARA TAMBÉM LIMPAR AS BOTAS ANTES DE VOLTAR PARA CÁ!
TODOS OS GUARDAS. FIQUEM EM ALERTA JÁ.
A QUALQUER SINAL DE ALGO SUSPEITO, TOQUEM SEUS APITOS IMEDIATAMENTE.
TUDO PARECE CALMO E EM ORDEM.
É, LESTRADE. MUITO TRISTE A SAÚDE DE SIR HENRY. IMAGINO QUE ESSAS SEJAM SUA ESPOSA E SUA FILHA.
A TUBERCULOSE É UMA DOENÇA MUITO CRUEL; A MANEIRA COMO DEVASTA UMA FAMÍLIA. SABIA QUE AS PESSOAS COSTUMAVAM ACREDITAR QUE SE TRATAVA DE UMA MALDIÇÃO?
MESMO COM MINHA EXPERIÊNCIA, É FÁCIL VER COMO AS PESSOAS PODIAM ACREDITAR EM TAIS COISAS... É REALMENTE TERRÍVEL...

DIGA-ME, QUANDO FOI QUE SUA FILHA...
ACREDITO QUE ELA ESTEJA VIVA, DOUTOR. CONVALESCENDO POR AÍ EM ALGUM LUGAR, EVIDENTEMENTE.
QUE BOM, FICO FELIZ. LI QUE ESSA DOENÇA PODE SER POSTERGADA CONSIDERAVELMENTE DADO QUE...
BANG
MALDIÇÃO!
QUE DIABOS...?
CORRA, HOMEM! VÁ!

BONG
DING DING DING DING DING
CHANG BONG
CLANG
TING TANG TING TONG
BONG
CHANG

SIR HENRY? CONSEGUE ME OUVIR, SENHOR? O SENHOR SE MACHUCOU?
HOLMES? HOLMES?!
SERÁ QUE ESSE TIRO VEIO DE FORA? UM ATIRADOR NA JANELA, COMO MORAN NO ANO PASSADO?
ABRAM ESSA MALDITA PORTA!
WHAK!

EU... NÃO... EU NÃO SABIA O QUE FAZER...

ESTÁ MORTO...
HOLMES? A SUA ARMA, HOLMES. DÊ PARA MIM.
SIM. SIM, LESTRADE... PODE PEGÁ-LA.
VEJAM! PARECE QUE ELE ESTAVA TENTANDO QUEIMAR ALGUMA COISA.
TRANCADA, SENHOR. NENHUM SINAL DE ARROMBAMENTO.
HOLMES? O QUE VOCÊ FEZ? POR QUÊ?
WATSON, EU NÃO... EU... TUDO ACONTECEU MUITO RÁPIDO... EU... NÃO SABIA COMO PARÁ-LO.

KLANK

O JULGAMENTO DE SHERLOCK HOLMES

PARTE 2

ARTE: JOHN CASSADAY

NOVA SCOTLAND YARD, MANHÃ.
"...DEVO SINCERAMENTE CONCORDAR QUE SE ELES FOSSEM VISTOS AQUI HOJE, A YARD ESTARIA TOTALMENTE ABERTA PARA CRÍTICAS.
"ESSAS SÃO CIRCUNSTÂNCIAS EXCEPCIONAIS."
"SHERLOCK HOLMES ESTÁ SENDO ACUSADO DE ASSASSINATO, CAVALHEIROS, E ISSO SIGNIFICA QUE NINGUÉM ESTÁ ACIMA DE SUSPEITA."
SIR BRADFORD, HOLMES NÃO É CULPADO. ISSO É SIMPLESMENTE IMPOSSÍVEL! VOCÊ DEVE SABER DISSO.
A IDEIA DE QUE LESTRADE E EU DEVERÍAMOS SER IMPEDIDOS DE PROVAR TAL FATO... DE QUE EU DEVERIA SER PROIBIDO DE ESTAR AQUI... É ULTRAJANTE!
ULTRAJE É O QUE ESTOU TENTANDO EVITAR, DOUTOR.
TEMO QUE O INSPETOR DAVIS TENHA RAZÃO, WATSON. AS COISAS NÃO PARECEM BOAS.
E, SE PIORAR, VOCÊ PRECISA SABER QUE TAMBÉM PODERÁ FICAR INDUBITAVELMENTE SOB SUSPEITA.
DEIXE QUE A SCOTLAND YARD CUIDE DISSO. FIQUEM LONGE DO CASO E UM DO OUTRO TAMBÉM. VOCÊ DEVE CONSIDERAR ISSO UMA ORDEM, INSPETOR.
SENHOR, COM TODO O RESPEITO. ISSO É UM ABSURDO.
DEVE HAVER UMA EXPLICAÇÃO. SE EU PUDESSE APENAS FALAR COM...
VOCÊ NÃO ME OUVIU, INSPETOR?
ESTE NÃO É UM CASO QUE PODE SER EXPLICADO COMO UM MERO EQUÍVOCO. HÁ EVIDÊNCIAS DA MAIS CONTUNDENTE NATUREZA.

"SIR SAMUEL HENRY, ANTIGO COMISSÁRIO ASSISTENTE DA POLÍCIA METROPOLITANA, ESCREVEU PARA HOLMES, REQUISITANDO SUA PRESENÇA NA NOITE SEGUINTE."
SIR HENRY HAVIA RECEBIDO UM BILHETE ANÔNIMO DATILOGRAFADO CONTENDO A ÁREA E A LOCALIZAÇÃO EXATAS DE UM ASSASSINATO.
O MAIS PERTURBADOR É QUE SE TRATAVA DO SEU PRÓPRIO ASSASSINATO.
"ELE TAMBÉM INFORMOU À SCOTLAND YARD."
"COMO O BILHETE FAZIA REFERÊNCIA À BOMBA DA RUA DOYLE, O LEVAMOS BASTANTE A SÉRIO..."
FIZEMOS COM QUE METADE DE UM PELOTÃO FICASSE VIGIANDO A CASA. MEIO PELOTÃO DOS MEUS MELHORES HOMENS.
"QUANDO O HORÁRIO ESTIPULADO, SETE HORAS, SE APROXIMAVA, SIR HENRY CHAMOU HOLMES."
"OS DOIS ESTAVAM SOZINHOS EM UM QUARTO TRANCADO QUANDO CHEGOU A HORA.""
UM TIRO FOI OUVIDO DO QUARTO DE SIR HENRY.
"NO MOMENTO EM QUE O ADENTRAMOS, ELE JÁ ESTAVA MORTO."
"ASSASSINADO A SANGUE-FRIO."
SHERLOCK HOLMES ESTAVA AO PÉ DA CAMA, COM UMA PISTOLA FUMEGANTE EM SUA MÃO.
DA MESMA MANEIRA QUE EM SUAS HISTÓRIAS HISTRIÔNICAS PARA A *STRAND MAGAZINE*, SE ME PERMITE DIZER, DOUTOR.
MAS *ISSO*, NO ENTANTO, É TOTALMENTE SEM PRECEDENTES.

ESSES SÃO OS PAPÉIS ENCONTRADOS NA CENA DO CRIME?
EXATAMENTE.
ALGUNS INSTANTES A MAIS E ESTARIAM QUEIMADOS DEMAIS PARA PODEREM SER DECIFRADOS.
TEMOS QUE SUPOR QUE SIR HENRY COMPILOU O DOSSIÊ POR CONTA PRÓPRIA, JÁ QUE, ATÉ ONDE SABEMOS, NINGUÉM MAIS SABIA DA SUA EXISTÊNCIA.
NINGUÉM EXCETO HOLMES, QUE...
JÁ ESTOU CHEIO DAS SUAS INSINUAÇÕES, SENHOR!
SE VOCÊ TEM ALGO A DIZER, ENTÃO VENHA E DIGA DE UMA VEZ!
COMO QUISER, DOUTOR.
EM POUCAS PALAVRAS, ESTE É O CONJUNTO DE EVIDÊNCIAS E DOCUMENTOS RELATIVOS AO INDIVÍDUO QUE, GRAÇAS AOS SEUS ESCRITOS, O MUNDO CONHECE COMO *"MORIARTY"*.
MAS ***ISSO*** NÃO É FICÇÃO.
ESTES DOCUMENTOS SUGEREM QUE SHERLOCK HOLMES LEVOU UMA VIDA DUPLA.
QUANDO ELE FALAVA DE UM GÊNIO DO CRIME QUE VIVIA AQUI EM LONDRES, ESCONDIDO A OLHOS VISTOS...
...ELE SE REFERIA A SI MESMO.
que o detetive
Scott Holmes é
grande criminoso
por alguns dos mais
delitos e insidiosos crimes
jamais cometidos
"ACREDITO QUE SIR HENRY FABRICOU A AMEAÇA CONTRA A PRÓPRIA VIDA."
"ELE ENGENDROU UMA SITUAÇÃO DA QUAL HOLMES NÃO PODERIA ESCAPAR, E DEPOIS O CONFRONTOU COM SUAS EVIDÊNCIAS."
"O POBRE SUJEITO DEVE TER ACREDITADO QUE HOLMES SE RENDERIA..."

DELEGACIA DE CHANNEL ROW.
SR. HO... HÃ... SENHOR?
UMA SRA. HUDSON ACABOU DE LIGAR, SENHOR. DISSE QUE ERA A SUA SENHORIA.
ISSO.
ELA TROUXE ISSO PARA O SENHOR. O SARGENTO DISSE QUE NÃO VIA NENHUM PERIGO, MAS TIVEMOS QUE CORTAR PARA VER.
CREIO QUE VOCÊ NÃO ENCONTROU GRAMPOS OU LIMAS DENTRO? A SRA. HUDSON É UMA COZINHEIRA TALENTOSA.
ESTOU SURPRESO DE O SARGENTO TER RESISTIDO AO IMPULSO DE PROVAR UM PEDAÇO.
EU ESPERAVA QUE *VOCÊ* FOSSE PREFERIR UM PASTELÃO, NÃO É?
BEM, SIM... MAS COMO DIABOS...?
AH, AINDA HÁ ALGO CÓRNICO EM SEU SOTAQUE. A CORNUALHA É UM LUGAR MARAVILHOSO PARA UM GAROTO CRESCER.
MAS DIGA, COMO É O SENHOR NA CELA AO LADO? ELE FEZ O MAIOR ALVOROÇO ONTEM À NOITE.
AH, ELE VAI FICAR BEM, SENHOR. ESPERO QUE ELE JÁ TENHA DORMIDO E SE RECUPERADO DO PIOR DA BEBEDEIRA.
É MELHOR EU IR VÊ-LO...
CLARO. NÃO SE PRENDA POR MIM. ATÉ LOGO.
SIM, *HÃ*. ATÉ LOGO, SENHOR.

KLIK
VOCÊ ESTÁ ACORDADO AÍ?
VAMOS. LEVANTE-SE.
O QUÊ?
EI... QUER ME LARGAR, CHEFIA? ME DÁ UM TEMPO.
ISSO NÃO É UM ALBERGUE, MEU VELHO. JÁ ESTÁ MAIS DO QUE NA HORA DE CAIR FORA.
VOCÊ FARIA BEM EM FECHAR A GOELA UM DIA OU DOIS.
AH! TÁ DIZENDO GOELA! GOELA!
AH, SIM, SR. MERRYN.
CREIO QUE NOSSO CONVIDADO FICOU FELIZ COM SEU CAFÉ DA MANHÃ.
PARECE QUE SIM, SENHOR.
VOCÊ SE LIVROU *DELA* ENTÃO?

GARANTO À SENHORA QUE A INFORMAREMOS DE QUALQUER NOVIDADE, MAS, COMO DISSE O INSPETOR, TEMOS QUE SER FIÉIS ÀS NOSSAS ORDENS.
RIDÍCULO! TUDO ISSO É UM ESCÂNDALO, SENHOR. UM ESCÂNDALO!
VOCÊS TERÃO SORTE SE NÃO ENCONTRAREM UMA MULTIDÃO NA SUA PORTA ANTES DO FIM DO DIA. AS PESSOAS NÃO VÃO APOIAR ISSO!
MEU DEUS! SRA. HUDSON?
DOUTOR? VOCÊ VEIO VÊ-LO TAMBÉM?
ELES NÃO ME DEIXAM NEM FALAR COM ELE. DÁ PARA ACREDITAR NISSO?
VOCÊ NÃO DEVERIA ESTAR AQUI, SRA. HUDSON...
VENHA, VAMOS PEGAR UM TÁXI DE VOLTA PARA BAKER STREET.

...UMA AMEAÇA À REPUTAÇÃO DA FORÇA.
DE JEITO NENHUM, INSPETOR. É O CONTRÁRIO, NA REALIDADE.
O FATO DE TER ME ASSESSORADO NA SEGURANÇA DURANTE A VISITA DO BARÃO LOTHAIR DEMONSTRA QUE VOCÊ É UM OFICIAL COMPETENTE E CONFIÁVEL, CUJA ASSOCIAÇÃO COM HOLMES É... INCIDENTAL.
COM LICENÇA, SENHOR, MAS SE É ESSE O CASO, POR QUE NÃO É PERMITIDO QUE EU FALE COM HOLMES?
INSPETOR LESTRADE, HÁ CIRCUNSTÂNCIAS DAS MAIS DESAGRADÁVEIS PARA TODOS OS ENVOLVIDOS, MAS ACHO QUE SERIA MELHOR SE NOS CONCENTRÁSSEMOS NA TAREFA QUE TEMOS A CUMPRIR.
POR FAVOR, NÃO MENCIONE HOLMES NA MINHA PRESENÇA DE NOVO. O CASO DELE NÃO É PREOCUPAÇÃO SUA, ENTENDE?
SIM, SENHOR. COMO QUISER, SENHOR.
ÓTIMO.
AGORA VAMOS AO TRABALHO. TEMOS UM DIA LONGO PELA FRENTE.

PALÁCIO DE BUCKINGHAM, TARDE DA NOITE.
...ESTAVA CERTO DE QUE FOI LORDE CROSS, MAS SUPONHO QUE POSSA TER SIDO GODALMING...
...FEZ UMA APRESENTAÇÃO VERDADEIRAMENTE MAGNÍFICA EM ASCOT...
...DEVIA IMAGINAR QUE ELES ESTARIAM NO MÍNIMO ENCANTADOS DE LHES MOSTRAR AS COISAS...
...POR UM SUJEITO CHAMADO WELLS NA NOVA RESENHA...
...UM BOM ACORDO, MAIS IMPROVÁVEL DO QUE ESTAMOS ACOSTUMADOS...
...ISSO FOI MUITOS ANOS ATRÁS, VOCÊ ENTENDE, ANTES DA SUA ÉPOCA, OBVIAMENTE...
...DIA MUITO AGRADÁVEL, DEVO DIZER.

HÁ MUITO QUE EU QUERO FAZER E VER DURANTE A MINHA ESTADA AQUI. CONFESSO QUE MAL SEI POR ONDE COMEÇAR.
QUERO VER A CATEDRAL DE SÃO PAULO, WESTMINSTER, A TORRE, OS JARDINS DE KEW...
SOU COMO A CRIANÇA NA LOJA DE DOCES, COMO SE DIZ.
VOCÊ TEM INTERESSE NO ZOO, BARÃO? A FAUNA LÁ É RICA!
...JUNTEI À CAÇADA NO COMEÇO DO ANO...
...PRATICANDO CALISTENIA, ACREDITO...
...NUNCA PARECEU NOTAR...
...ERA CHAMADA DE UTOPIA LIMITADA...
...NENHUMA CAUSA REAL PARA TER INTERESSE EM TAIS COISAS...
...GRANDE TURNÊ QUANDO TÍNHAMOS A SUA IDADE...
MEU DEUS DO CÉU...!
CLATTER
OH, LAMENTO, SENHOR. ESQUECI COMPLETAMENTE QUE ESTAVA AÍ.
HMMM...
DESCULPE. TENHO QUE ME APRESSAR.
SIM, SIM. ESPERO QUE TENHA MESMO.

DOUTOR?
OH, LAMENTO NÃO TER VISTO A HORA...
MEU CARO DOUTOR, NUNCA O VI DEIXANDO O JANTAR DE LADO.
TEMO NÃO ESTAR COM MUITO APETITE ESTA NOITE.
BEM, ADMITO QUE EU MESMA NÃO COMI MUITO, MAS VOCÊ PRECISA MANTER O ÂNIMO.
DESCANSE UM POUCO, DOUTOR.
AS COISAS ESTARÃO MAIS CLARAS PELA MANHÃ. TENHO CERTEZA.
ESPERO QUE SIM, SRA. HUDSON. ESPERO QUE SIM.

Moriarty
Pouco antes das 19h
Explosivo
Conexão irlandesa
Sir Henry - inimigos?
VAMOS, HOMEM, PENSE! O QUE ELE FARIA? O QUE DIRIA?
"A OBSERVAÇÃO DOS DETALHES"... "MEU MÉTODO É BASEADO NA OBSERVAÇÃO DOS DETALHES"...
Moriarty
OUVIMOS O TIRO ***ANTES*** DE O RELÓGIO SOAR. O QUE SIGNIFICA...
O QUE SIGNIFICA...
MALDIÇÃO!
LAMENTO, HOLMES! SOU INÚTIL!
INÚTIL...

TUDO ESTÁ EM ORDEM AQUI, SENHOR. NADA SUSPEITO A RELATAR.
INSPETOR, SE EU NÃO O CONHECESSE, PODERIA ACHAR QUE VOCÊ ESTAVA SENDO SARCÁSTICO.
NO FIM DAS CONTAS, VOCÊ PASSOU UM DIA NA COMPANHIA DA REALEZA E DEPOIS UM DIA NO PALÁCIO DE BUCKINGHAM.
NÃO TENHO DÚVIDAS QUE MUITAS PESSOAS INVEJAM A SUA POSIÇÃO.
APESAR DE TUDO FOI UM LONGO DIA, NÃO?
APRECIO O TRABALHO QUE FEZ.
OBRIGADO, SENHOR. DESEJO-LHE BOA NOITE.

SUBA, INSPETOR. NÃO PODEMOS DEIXÁ-LO IR ANDANDO PARA CASA EM UMA NOITE COMO ESSA.
OBRIGADO, SENHOR, MAS TENHO O HÁBITO DE ESTICAR AS PERNAS. SINTO UM POUCO DE DESCONFORTO QUANDO TENHO QUE FICAR PRESO A ESSE TIPO DE CADEIRA.
COMO QUISER. VEJO-O PELA MANHÃ.
SUSPIRO
EIA!
BAKER STREET... O MAIS RÁPIDO QUE PUDER.

EI, MERRYN, O QUE VOCÊ AINDA ESTÁ FAZENDO AQUI?
DÊ-NOS UMA AJUDA COM ESSE VELHO MENDIGO... ELE NÃO VAI FICAR EM SUA CELA HOJE.
PETERSON ACABOU DE PRENDER TODA UMA GANGUE DE LADRÕES!
NOSSA...!
BEM, EU JÁ ESTAVA DE SAÍDA, MAS PODE DEIXAR QUE CUIDO DELE.
VALEU, MERRY. VOCÊ É FIRMEZA.
TUDO BEM, AGORA TOMA CUIDADO PARA QUE NÃO PERTURBEM NOSSO *CONVIDADO ESPECIAL*...
DEIXA COMIGO. NÃO QUEREMOS QUE O PESSOAL DA YARD FIQUE CHATEADO COM A GENTE.

TIRA SUAS MÃOS DE MIM!
NÃO HÁ POR QUE VOCÊ ENCHER O SACO AGORA!
VOCÊ VAI LEVAR UMA SURRA SE NÃO SOSSEGAR.
BATÊ NUM SUJEITO QUE NUM PODE NEM AO MENOS SE DEFENDÊ?
QUIETOS!
VÃO PASSAR A NOITE ALGEMADOS SE CONTINUAREM COM ESSA ALGAZARRA!
GARANTO QUE VOCÊ NÃO É MELHOR PARA SE LIVRAR DELES DO QUE FOI PARA ENTRAR AQUI.
MALDITOS GUARDAS.
CAI FORA E NADA MAIS DE GORÓ ESTA NOITE, OK?
HÃ? QUE ISSO? NÃO, NÃO. PRA MIM NÃO, SENHOR.
CÊ SABE O QUE FAZ.
DEUS LHE ABENÇOE. BOA NOITE.

DOUTOR WATSON?
UAAA... AH, EU... DEVO TER APAGADO... QUE HORAS SÃO?
É O INSPETOR, SENHOR...
DOUTOR, LAMENTO INCOMODÁ-LO A ESSA HORA, MAS PRECISO DA SUA AJUDA.
CLARO, VELHO AMIGO. É CLARO.
TEMO QUE ISSO VÁ ENVOLVER DESOBEDIÊNCIA À LEI.
...E TALVEZ CORRAMOS O RISCO DE SERMOS PRESOS.
IMAGINO QUE ESTEJAMOS CORRENDO TAL RISCO SÓ PELO FATO DE VOCÊ VIR AQUI.
ESTOU CERTO EM PENSAR QUE VOCÊ PROPÕE UMA INVESTIGAÇÃO MAIS ACURADA DA... HÃ... CENA DO CRIME.
HÁ UM TÁXI NOS ESPERANDO LÁ FORA.
221

SHOOTER'S HILL, SUDESTE DE LONDRES.
BOA NOITE, GUARDA. OU JÁ É DE MANHÃ?
O QUE POSSO FAZER POR VOCÊ, INSPETOR?
AH, ENTÃO SABE QUEM EU SOU.
SIM, SENHOR. VOCÊ É O INSPETOR LESTRADE DA SCOTLAND YARD.
TEMO POSSUIR ORDENS DE NÃO PERMITIR QUE VOCÊ ADENTRE ESTE RECINTO.
BEM, SUPONHO QUE DEVERIA FICAR LISONJEADO POR TEREM SE DADO A ESSE TRABALHO.
HÁ QUANTO TEMPO VOCÊ ESTÁ AQUI?
UMAS BOAS HORAS, SENHOR.

UMAS BOAS HORAS, SENHOR.
UMAS BOAS HORAS, SENHOR.
FSSSS

TING TING TING TING TING
HÃ?
EI, O QUE É ISSO?
...AINDA PODERIA SER PIOR, SUPONHO. A NEBLINA NÃO ESTÁ TÃO CERRADA AQUI FORA, E TEMOS UMA BELA VISTA.
TING TANG TING TONG
CHANG
BONG
BONG
...A CADA MALDITO QUARTO DE HORA, NÃO SEI COMO ALGUÉM CONSEGUE DORMIR COM ESSA BARULHEIRA.
DING DING DING DING
BONG

DELEGACIA DE CHANNEL ROW.
...DEUS SABE PORQUE NÃO SÓ QUEBRARAM UMA JANELA.
É EVIDENTE QUE ELES SE DISFARÇARAM DE UMA ESPÉCIE DE EQUIPE PROFISSIONAL, ARMADOS COMO ESTAVAM.
AINDA ASSIM ELES ESTAVAM FAZENDO UMA BAITA ZORRA, TENTANDO ARRANCAR A PORTA DAS DOBRADIÇAS, PRA VOCÊS VEREM.
BEM, SUPONHA QUE ELES ESTIVESSEM PLANEJANDO ROUBAR ALGO GRANDE COMO UMA MESA BACANA OU ALGO PARECIDO. NÃO IRIA PASSAR POR UMA JANELA, CERTO?
DEUS DO CÉU, VOCÊ É TÃO TOSCO QUANTO ELES.
É SÓ MANDAR UM HOMEM PELA JANELA QUE ELE VEM E ABRE A PORTA POR DENTRO, NÃO?
BEM, COM LICENÇA...
DESÇAM PARA AS CELAS, *RÁPIDO!*
...MAS COMO ELE PODERIA?
VÁ PARA TRÁS! DÊ-NOS ALGUM ESPAÇO!

É MERRYN! O QUE DIABOS ESTÁ ACONTECENDO?
EU ESTAVA DE SAÍDA... EU SÓ... SÓ OLHEI PARA CHECAR... ELE DISSE QUE ESTAVA SE SENTINDO FRACO...
E-ESTOU BEM... SÓ PRECISO... DE ALGUNS INSTANTES PARA...
CALMA, MERRY. O QUE HOUVE?
ALGUÉM... *ELE* DEVE TER BATIDO NA MINHA NUCA.
DEUS. ELE FUGIU, NÃO? SHERLOCK HOLMES FUGIU!

DIQUE DE VICTORIA
BOA NOITE, SENHOR. TEM HORAS?
TEMO QUE ESTEJA TARDE. MUITO TARDE MESMO.

O JULGAMENTO DE SHERLOCK HOLMES

PARTE 3

ARTE: JOHN CASSADAY

KNOCK KNOCK
KNOCK KNOCK KNOCK
ESPERA, ESPERA! ESTOU INDO!
DING DONG
O QUE VOCÊ QUER...?
OH...!
LAMENTO PERTURBÁ-LO A ESTA HORA, SENHOR.
NO MOMENTO ESTOU ATRÁS DE UM SUSPEITO QUE ACREDITO QUE POSSA TER INVADIDO A SUA RESIDÊNCIA. POSSO ENTRAR?
O-ORA, SIM, CLARO...
Johansen's
EST. 1850
ARTIGOS PARA TEATRO
DING DONG
HARKER'S

KNOCK KNOCK
HÃ... OI, PODE ENTRAR.
BOM DIA, DOUTOR.
JÁ QUE VOCÊ MAL COMEU ONTEM, ACABEI DE PREPARAR O SEU CAFÉ DA MANHÃ PREFERIDO.
OBRIGADO, SRA. HUDSON, É MUITA GENTILEZA.
DEUS, VOCÊ PARECE CANSADO.
TEMO NÃO TER DORMIDO MUITO BEM.
SUPONHO QUE NÃO SERIA APROPRIADO PERGUNTAR A QUE HORAS O SENHOR VOLTOU PARA CASA NA NOITE PASSADA...
OU AONDE VOCÊ E O INSPETOR FORAM...
EU, HÃ... ACHO QUE SERIA MELHOR SE NÃO FALÁSSEMOS SOBRE ISSO.

ENTENDO...
COMO LHE DISSE, LESTRADE E EU FOMOS PROIBIDOS DE INVESTIGAR O, HÃ... CASO.
"CASO", BAH...
ESTAMOS FAZENDO TUDO O QUE PODEMOS POR HOLMES, POSSO LHE DAR MINHA PALAVRA.
SE É VOCÊ QUE DIZ, DOUTOR. SÓ QUE...
DING DONG
CÉUS, QUEM *PODE* SER?
DING DONG
OH, CÉUS, ESPERO QUE NÃO SEJA NADA URGENTE.
"QUE PENSAMENTO TENEBROSO. E SE ALGUÉM VIER COM UM NOVO CASO SEM QUE O SR. HOLMES ESTEJA AQUI PARA PEGÁ-LO?"

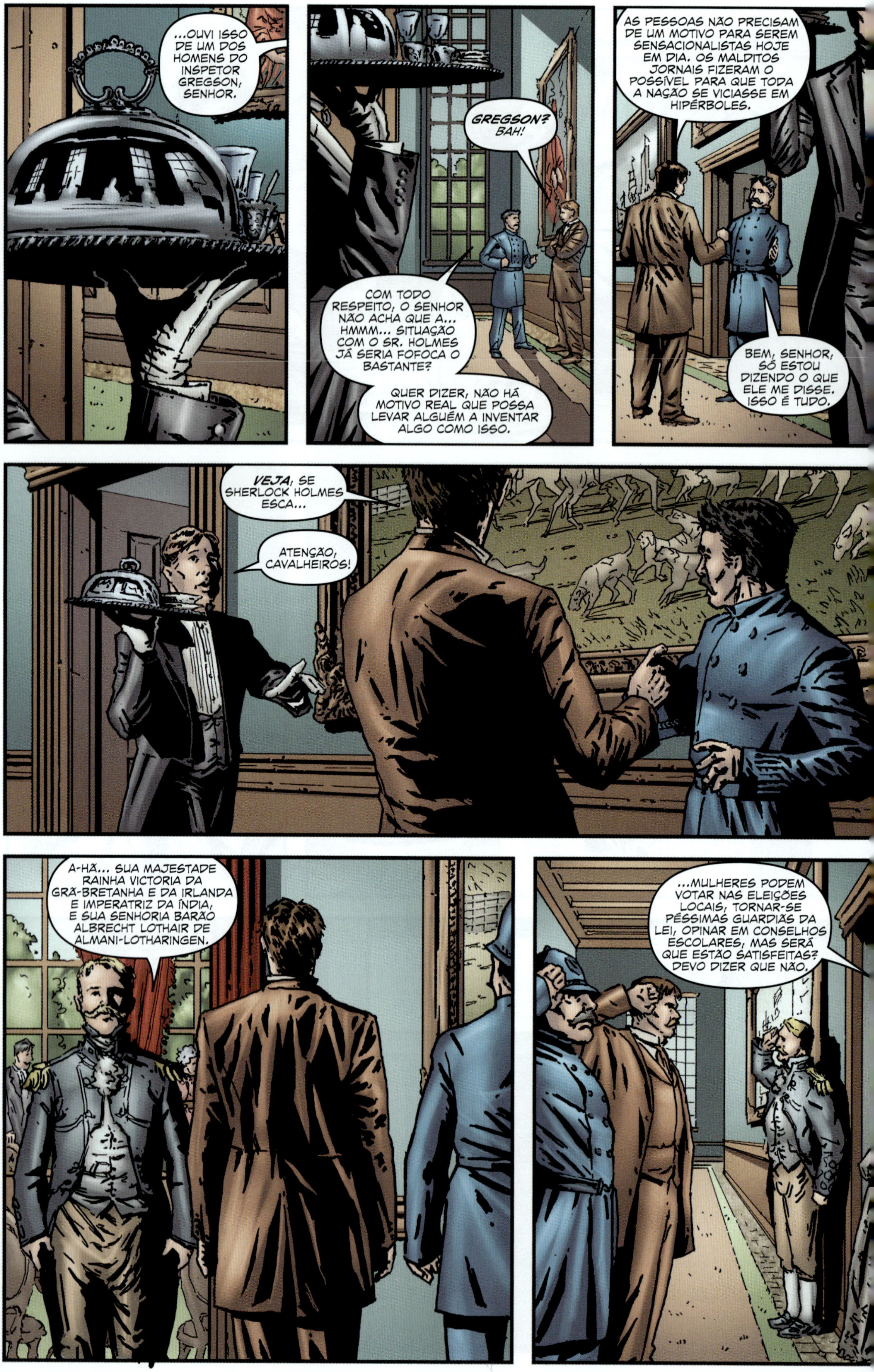
...OUVI ISSO DE UM DOS HOMENS DO INSPETOR GREGSON, SENHOR.
GREGSON? BAH!
COM TODO RESPEITO, O SENHOR NÃO ACHA QUE A... HMMM... SITUAÇÃO COM O SR. HOLMES JÁ SERIA FOFOCA O BASTANTE?
QUER DIZER, NÃO HÁ MOTIVO REAL QUE POSSA LEVAR ALGUÉM A INVENTAR ALGO COMO ISSO.
AS PESSOAS NÃO PRECISAM DE UM MOTIVO PARA SEREM SENSACIONALISTAS HOJE EM DIA. OS MALDITOS JORNAIS FIZERAM O POSSÍVEL PARA QUE TODA A NAÇÃO SE VICIASSE EM HIPÉRBOLES.
BEM, SENHOR, SÓ ESTOU DIZENDO O QUE ELE ME DISSE. ISSO É TUDO.
VEJA, SE SHERLOCK HOLMES ESCA...
ATENÇÃO, CAVALHEIROS!
A-HÃ... SUA MAJESTADE RAINHA VICTORIA DA GRÃ-BRETANHA E DA IRLANDA E IMPERATRIZ DA ÍNDIA, E SUA SENHORIA BARÃO ALBRECHT LOTHAIR DE ALMANI-LOTHARINGEN.
...MULHERES PODEM VOTAR NAS ELEIÇÕES LOCAIS, TORNAR-SE PÉSSIMAS GUARDIÃS DA LEI, OPINAR EM CONSELHOS ESCOLARES, MAS SERÁ QUE ESTÃO SATISFEITAS? DEVO DIZER QUE NÃO.

AH, VEJO QUE AINDA TEMOS O PRAZER DA COMPANHIA DA FORÇA POLICIAL.
NÃO ESTOU TÃO CERTO DE QUE PRECISAMOS DELA DENTRO DO PALÁCIO. MEUS GUARDAS NÃO BASTAM?
VOSSA MAJESTADE, SE ME PERDOA, VOCÊ PRÓPRIA É UMA MULHER E CUMPRE SEUS DEVERES TÃO BEM QUANTO QUALQUER HOMEM.
DE FATO, MELHOR DO QUE MUITOS HOMENS, NÃO É?
O FATO DE SER CAPAZ NÃO QUER DIZER QUE SOU IGUAL.
SE AS MULHERES SE "DESSEXUALIZASSEM" ALEGANDO IGUALDADE COM OS HOMENS, ELAS CERTAMENTE PERECERIAM POR FALTA DE PROTEÇÃO MASCULINA.
NOSSA...
DEUS DO CÉU! ELES PODERIAM NOS DAR ALGUM AVISO.
DEUS AJUDE A MULHER QUE SE DEPARAR COM SUA MAJESTADE, HEIN?
QUE DIABOS VOCÊ ESTÁ FAZENDO AQUI?
REZO A DEUS PARA QUE NINGUÉM DE ALGUMA IMPORTÂNCIA O TENHA VISTO AQUI.

OITO POSTAS DE CAVALINHA POR UM XELIM!
PEGUE A SUA CAVALINHA AQUI, OITO POR UM XELIM!
OSTRAS NOVAS!
LIMÕES E LARANJA DA FEIRA! LARANJAS E CIDRAS!
LINDOS BROCHES, LINDAS MULHERES!
...ENTÃO EU DISSE A ELE QUE VALIA MAIS DO QUE ISSO...
...E NÃO POSSO FICAR COM TODOS, JÁ TENHO SEIS!
...ELA VAI FAZER ISSO POR UMA NINHARIA...
...ELA TINHA O MAXILAR TORTO, POBREZINHA...
...VOU *MATAR* VOCÊ, SEU PORCO!
...BEM, EU CASARIA COM ELE, MESMO SE FOSSE ALEMÃO! UM BARÃO É UM BARÃO!

SENHOR MANN? EU NÃO O VEJO HÁ UM BOM TEMPO...
EU *TENHO* ESTADO AQUI, SRA. HARDWICK. *COF* TALVEZ NÃO TENHA ME OUVIDO ENTRAR...
V-VOCÊ ESTAVA AQUI, SENHOR? EU DEVIA ESTAR SABENDO DISSO... COM CERTEZA...
E SE EU ACHASSE QUE ESTAVA VOLTANDO, SENHOR, BEM, EU NÃO TERIA... BEM, SENHOR...
SRA. HARDWICK, O GUINÉU QUE EU LHE PAGUEI ADIANTADO PELO ALUGUEL DESSE QUARTO. JÁ FOI EMBORA? DEVIA TALVEZ TER LHE DADO MAIS? *COF, COF*
AHH, NÃO, SENHOR! FOI O SUFICIENTE! O QUARTO É DO SENHOR! BEM, DIRIA QUE É SEU, MAS...
...BEM, SENHOR, TEM MAIS ALGUÉM AÍ DENTRO...

SIM? POSSO AJUDÁ-LO?
AH, SRA. HUDSON, CERTO? MUITO BOM VÊ-LA DE NOVO.
DE NOVO? TEMO ESTAR UM POUCO EM DESVANTAGEM, SENHOR.
BEM, ESTOU QUASE *CERTO* DE QUE ERA VOCÊ, SRA. HUDSON.
"EU ESTAVA DO LADO DE FORA DA DELEGACIA DE CHANNEL ROW ONTEM DE MANHÃ."
"E A VI COM O DOUTOR WATSON. ELE ESTAVA SAINDO DA SCOTLAND YARD."
AH! NÃO... NÃO, SENHOR. TEMO QUE ESTEJA ENGANADO.
QUEM É VOCÊ, POSSO SABER? E EM QUE TRABALHA?
ALFIE SPROATS, MADAME. DO COMET.
UM REPÓRTER? E O QUE QUER COMIGO, SENHOR SPROATS?
BEM, EU ESPERAVA VER O PRÓPRIO SR. HOLMES, SE ISSO NÃO O EXPUSESSE, CLARO?

NÃO, SENHOR. HOJE NÃO. TEMO QUE O SR. HOLMES ESTEJA MUITO OCUPADO HOJE!
ENTENDO, VOU VOLTAR OUTRA HORA.
QUANDO PODERIA SER UM BOM DI...
SLAMM
NÃO SE PREOCUPE, SRA. HUDSON, NÃO SE PREOCUPE. LOGO VEREI O GRANDE DETETIVE, TENHO CERTEZA.
DOUTOR! DOUTOR WATSON, VOCÊ NÃO VAI ACREDITAR!
ERA UM REPÓRTER! DO COMET, QUE COISA... PERGUNTANDO SE PODERIA VER O SR. HOLMES!
VOCÊ LHE DISSE QUE NÃO ERA POSSÍVEL?
SIM, MAS ELE DISSE QUE NOS VIU ONTEM, DO LADO DE FORA DA DELEGACIA DE POLÍCIA...
O TEMPO ESTÁ ACABANDO, SRA. HUDSON. TEMOS QUE AGIR!
"TENHO QUE AGIR!"

LAMENTO, SENHOR, DEVE TER HAVIDO ALGUM ERRO... =COF= ESTE QUARTO ME PERTENCE.
TEMO QUE VOCÊ DEVE FALAR COM O MEU SÓCIO. ELE É QUE LIDA COM TAIS ASSUNTOS.
MUITO BEM, SENHOR... =COF= SE VOCÊ INSISTE.
É CLARO, LUTADORES NÃO EQUIPARADOS... =COF, COF= NÃO SIGNIFICAM SEMPRE UMA CONCLUSÃO PRÉVIA...
NA MAIOR PARTE DOS CASOS... =COF= O LUTADOR MENOR TEM UMA VANTAGEM IMEDIATA, JÁ QUE POSSUI UM CENTRO DE GRAVIDADE MAIS BAIXO DO QUE O SEU... =COF= ADVERSÁRIO.
DEVE-SE CRIAR PRIMEIRO... =COF= UM PONTO DE ROTAÇÃO, ATRAVÉS DO QUAL SEU CENTRO DE GRAVIDADE IRÁ PASSAR.
UFFF
ENTÃO TUDO O QUE RESTA É UM EMPURRÃO NA DIREÇÃO CORRETA, ENQUANTO A GRAVIDADE FAZ TODO O TRABALHO PESADO PRA VOCÊ.
WHMMP

SRTA. HARDWICK... =COF, COF= PRECISO QUE VOCÊ MANDE UM GAROTO PRA PAGAR UMA DÍVIDA PRA MIM.
GRAAAAAAAAH!
AAAAAAAAAAAH!
ACHO... =COF= QUE VOCÊ TEM QUE CHAMAR ALGUÉM PRA AJUDAR O NOSSO VISITANTE COM SUAS COISAS, SRTA. HARDWICK.
"DETESTARIA ADIAR A SUA PARTIDA... =COF, COF="

...COMEÇOU EM 1860. OS OCTÓGONOS FORAM CONCLUÍDOS EM 1861 E A ÁREA CENTRAL EM 1862.
ELE POSSUI, BASICAMENTE, PLANTAS DELICADAS E COM TRONCOS FIRMES DAS REGIÕES TEMPERADAS DO PLANETA.
A "JUBAEA CHILENSIS", EMBORA ORNAMENTAL, É TAMBÉM CONHECIDA COMO PALMEIRA-DO-CHILE. ELA É PODADA EM CIMA, E A COROA FRONDOSA É REMOVIDA PARA FACILITAR A REMOÇÃO DA SEIVA.
DURANTE MUITOS MESES, ELA PODE RENDER MAIS DE 90 GALÕES DE SEIVA, QUE PODE SER FERMENTADA PARA VIRAR VINHO DE PALMA OU CONCENTRADA PARA SE TORNAR XAROPE.
ESSA ESPÉCIE EM PARTICULAR CRESCEU DA SEMENTE EM 1846, E HOJE É A ÁRVORE MAIS ALTA SOB VIDRO NO MUNDO.
ESTAMOS NO MOMENTO ESPERANDO UM NOVO ESPÉCIME, A "ENCEPHALARTOS WOODII", DA FLORESTA DE NGOYE NA TERRA ZULU, COMO INFORMOU O SR. WOOD...

ACREDITO QUE POSSA TER HAVIDO ALGUM PROBLEMA NA NOITE PASSADA, SENHOR.
ALGUÉM DISSE EM CHANNEL ROW QUE...
NÃO SEI AO CERTO AO QUE ESTÁ SE REFERINDO, LESTRADE, MAS SERÁ QUE PRECISO LEMBRAR QUE VOCÊ NÃO TEM PERMISSÃO PARA FALAR SOBRE O CASO DE HOLMES?
SÓ ESTOU CONVERSANDO, SENHOR.
E, POR FIM, ALGUÉM PODE ME DIZER O QUE OBTEMOS DA CINCHONA PUBESCENS? ESTOU CERTO DE QUE TODOS VOCÊS A TÊM EM CASA.
PERFUME? NÃO, ESPERA, É CACAU?
SE HOUVE UM INCIDENTE NA NOITE PASSADA...
RECOMENDO QUE PARE COM ESSE TIPO DE INTERROGATÓRIO, LESTRADE. PARA O SEU PRÓPRIO BEM.
PENSAR QUE UMA PLANTA PODERIA TER A CURA PARA A MALÁRIA! TAIS MARAVILHAS ESTÃO NO MUNDO NATURAL.
BARÃO LOTHAIR, É OBJETIVO E PRIVILÉGIO DO JARDIM BOTÂNICO REAL DESCOBRIR CADA UMA DAS MARAVILHAS QUE PROMOVEM O APERFEIÇOAMENTO DA HUMANIDADE.
BEM DITO, SENHOR! OUÇA, OUÇA!

COMET NEWS
BARÃO LOTHAIR VISITA LONDRES
SHERLOCK HOLMES E O MISTÉRIO DE SHOOTERS HILL
BEAR LOOSE IN ST. PAUL'S CATHEDRAL!
221
OPS... DESCULPE, SENHOR. EU NÃO ESTAVA OLHANDO PARA ONDE IA.
=COF= NÃO DIGA ISSO, FILHO... =COF=
DING DONG
SIM?
AH, COMO POSSO AJUDÁ-LO DESTA VEZ, SR. SPROATS?
SÓ QUERIA ME CERTIFICAR DE QUE VOCÊ TEM UMA CÓPIA DISSO, SRA. HUDSON.
É UM MONTE DE BESTEIRAS, COM CERTEZA, MAS ACHEI QUE VOCÊ PODERIA LEVAR ISSO PARA ELE... PARA *CIMA*, QUERO DIZER.

"SHERLOCK HOLMES E O MIST..."
CRASSH
QUE DIABOS?
PUXA, SRA. HUDSON! PERMITA-ME INVESTIGAR.
OH, MEU DEUS! OLHA SÓ ISSO...
MINHA LINDA TORTA! DESTRUÍDA! VOCÊ ACHA QUE FORAM LADRÕES? ELES PODEM ESTAR FUGINDO!
NADA AQUI, SRA. HUDSON, DEVEM TER SIDO GATOS...
EI, SENHOR! VIU ALGUM SUJEITO COM CARA DE LADRÃO AGORA HÁ POUCO?
NÃO... *COF* NÃO POSSO DIZER QUE VI... *COF, COF*
BEM, NÃO SEI O QUE VOU SERVIR NO JANTAR AGORA.
É UM MISTÉRIO, SRA. HUDSON. UM BAITA *MISTÉRIO*.

TEREI QUE VOLTAR PARA VER ESSAS ESTUFAS QUANDO ESTIVEREM TERMINADAS E HOSPEDAREM OS NOVOS ESPÉCIMES.
CLARO, BARÃO LOTHAIR, VOCÊ SEMPRE SERÁ BEM-VINDO.
PODEMOS ANDAR ATÉ O LARANJAL AO LADO, BARÃO? EU ADORO O CHEIRO DESSAS FRUTAS!
CLARO, HÁ TEMPO PARA TUDO HOJE.
É UMA BELA ÉPOCA DO ANO, NÃO?
PTUNK

WAS WAR DAS?
WAS IST LOS?
FOI UM TIRO? MEIN GOTT!
NAS ÁRVORES! ELE ESTÁ NO MEIO DAS ÁRVORES!
LESTRADE! VOCÊ PODERIA, POR FAVOR, LARGAR O BARÃO LOTHAIR?
LÁ! LÁ, SEU IMBECIL! PEGUE-O!
LESTRADE? *INSPETOR* LESTRADE DA SCOTLAND YARD?

PALL MALL, COMEÇO DA TARDE.
DIOGENES CLUB
LAMENTO, SENHOR. O SR. HOLMES SÓ CHEGA AO CLUBE POR VOLTA DAS CINCO.
TEM ALGUMA MENSA...
NÃO SEI SE ENTENDE, SENHOR. SOU O DOUTOR JOHN WATSON, AMIGO ÍNTIMO DO IRMÃO DO SR. MYCROFT HOLMES.
AH, SEI...
PODERIA ESPERAR UM INSTANTE, DOUTOR, POR FAVOR?
CLICK
≥A-HÃ≤
SE O SENHOR PUDER ME ACOMPANHAR, DOUTOR.
AH, SIM, CLARO. CLARO.
AQUI NO CLUBE DIOGENES, A DISCRIÇÃO É O LEMA. VOCÊ ENTENDE ISSO, CERTO?

TEMO QUE NÃO TERÁ MUITO TEMPO, SENHOR. O SR. HOLMES É, COMO TENHO CERTEZA QUE ENTENDE, UM HOMEM MUITO OCUPADO.
AQUI ESTAMOS.
BELA SUBIDA, HEIN?
CLICK
O SR. HOLMES GOSTA DE PRIVACIDADE.
ELE IRÁ VÊ-LO EM INSTANTES.
CLICK
KNOCK KNOCK KNOCK
ENTRE.
AH, WATSON, A QUE DEVO O PRAZER DESSA VISITA?
TRATA-SE DE UMA PERGUNTA RETÓRICA, É CLARO. DESCULPE.
VOCÊ VEIO SEM DÚVIDA POR CONTA DO SEU QUERIDO AMIGO, PARCEIRO E MEU IRMÃO.

DESCULPE A MINHA INSOLÊNCIA, ISSO É MUITO URGENTE. ESTAREI COM VOCÊ EM UM MINUTO.
ENTÃO VOCÊ SOUBE DA PRISÃO?
É CLARO. COISA TERRÍVEL. TREMENDA CONFUSÃO. GOSTARIA QUE TIVESSE ALGO QUE EU PUDESSE FAZER.
ORDENARAM QUE EU E LESTRADE NÃO INTERFERÍSSEMOS. NÃO PODEMOS FAZER NADA PARA AJUDÁ-LO.
EXISTE UM SUJEITO, O DETETIVE DAVIS, E ELE TEM SIDO MUITO DURO EM RELAÇÃO À SITUAÇÃO COMO UM TODO.
ELE PARECE ACHAR QUE HOLMES É CULPADO.
JÁ OUVI FALAR DE DAVIS SIM, DIVISÃO ESPECIAL, UM BOM HOMEM.
NA NOITE PASSADA, EU E LESTRADE FOMOS ATÉ SHOOTERS HILL...
PARE! NÃO QUERO OUVIR MAIS NADA!
O QUE QUER QUE VOCÊ TENHA FEITO NA NOITE PASSADA FOI ALTAMENTE ILEGAL E EU CERTAMENTE NÃO QUERO NEM SABER DO QUE HOUVE.
NÃO POSSO SABER.
MAS... MAS...
NÃO TEMA, DOUTOR. A JUSTIÇA VAI PREVALECER. TENHA FÉ.

ALGUÉM FOI VÊ-LO? NA BAKER STREET, QUERO DIZER.
ME VER? HOUVE... HOUVE UM REPÓRTER HOJE DE MANHÃ, MAS A SRA. HUDSON O ENXOTOU.
UM REPÓRTER, HEIN? AH. PROVAVELMENTE É MELHOR VOCÊS SE LIVRARAM DELE. NÃO PODE...
DONNG
AH, COM LICENÇA. É HORA DO MEU ALMOÇO.
TEM *CERTEZA?* O CASO... SEU *IRMÃO*...
TALVEZ POSSAMOS CONVERSAR ENQUANTO VOCÊ COME.
TEMO QUE NÃO, DOUTOR. EU COMO SOZINHO. SOU UMA CRIATURA DE HÁBITOS.
OBRIGADO POR TER APARECIDO, DOUTOR, E TENTE NÃO SE PREOCUPAR. TENHO CERTEZA DE QUE TUDO VAI DAR CERTO.
SIM, MAS...
O DE SEMPRE, SENHOR? VOU TRAZER EM UM INSTANTE.

OBRIGADO, MEU BOM HOMEM. VOU SENTAR NA SALINHA.
CHEGOU MAIS TARDE DO QUE O NORMAL.
BEM, VOCÊ SABE COMO SÃO AS COISAS NO ESCRITÓRIO.
RECOMENDO O VINHO DO PORTO. TEM SABOR DE NOZES, É TEMPERADO E AINDA PRECISA SER DILUÍDO.
AQUI ESTÁ, SENHOR. VAI MAIS ALGUMA COISA?
OBRIGADO. UMA GARRAFA DO PORTO, TALVEZ?
NÃO PODE TER ESCAPADO À SUA ATENÇÃO O FATO DE QUE EU, NO MOMENTO, ESTOU NUMA SITUAÇÃO DIFÍCIL.
DE FATO, O CARO DOUTOR WATSON ACABOU DE ME FAZER UMA VISITA.
ELE DISSE QUE UM REPÓRTER HAVIA VISITADO BAKER STREET HOJE.
POIS É, EU O VI E TAMBÉM LI OS JORNAIS.
BEM, MEU IRMÃO, QUANTO TEMPO VAI DEMORAR ATÉ QUE AS NOTÍCIAS SOBRE A SUA FUGA SEJAM PUBLICADAS?
ACHO QUE SERIA MELHOR SE EU FIZESSE AS PERGUNTAS, MYCROFT, NÃO?

O JULGAMENTO DE SHERLOCK HOLMES

PARTE 4

ARTE: JOHN CASSADAY

Em 1886, uma boa quantidade de joias foi roubada da casa de um membro do parlamento em Bishopsgate.
A investigação de Holmes levou à recuperação de algumas delas, embora de nem todos os itens roubados.
Com os presos foram encontrados objetos de muito valor, que se provaram impossíveis de ser vendidos nos canais criminosos comuns.
Cada um deles jurou que um terceiro homem, cuja identidade lhes foi escondida, havia planejado o crime.
No ano seguinte, um professor em um laboratório do governo foi abatido por uma meningite na mesma noite em que documentos altamente confidenciais foram roubados.
Embora aparentemente meticulosa, a análise de Holmes do caso não rendeu nada.
Em tempo, no entanto, o professor recuperou de algum modo os sentidos e, embora totalmente incapaz de retomar seu trabalho, se provou mais coerente do que o esperado.
Ele se referiu repetidamente a um colega cujo nome nenhum outro membro da equipe reconheceu.
Tal nome levou detetives a um endereço em Knightsbridge, onde quem atendeu a porta foi um cavalheiro belicista nos seus 30 e poucos anos.
Convocado a acompanhar os oficiais até a delegacia para ser interrogado, ele voltou corredor adentro com o intuito de pegar um guarda-chuva.
Tal cavalheiro nunca mais foi visto novamente.
Uma busca completa pela casa recuperou alguns dos documentos roubados, assim como itens do caso de Bishopsgate.

Além disso...
KNOCK KNOCK
ENTRE.
AH, DAVIS. VOCÊ DE NOVO.
DEPOIS DAS NOTÍCIAS DA MANHÃ, EU NÃO ACHAVA QUE PODERIA FICAR PIOR.
DE FATO, SENHOR.
ENTÃO, O QUE TEMOS CONTRA ESSE PRETENSO ASSASSINO?
É POSSÍVEL QUE TENHA HAVIDO MAIS DO QUE UM DELES, SENHOR.
PROSSIGA...
BEM, SENHOR... ESTOU COM MEUS MELHORES HOMENS NO CASO. ELES ESTÃO POR AÍ RECOLHENDO INFORMAÇÕES ENQUANTO CONVERSAMOS.

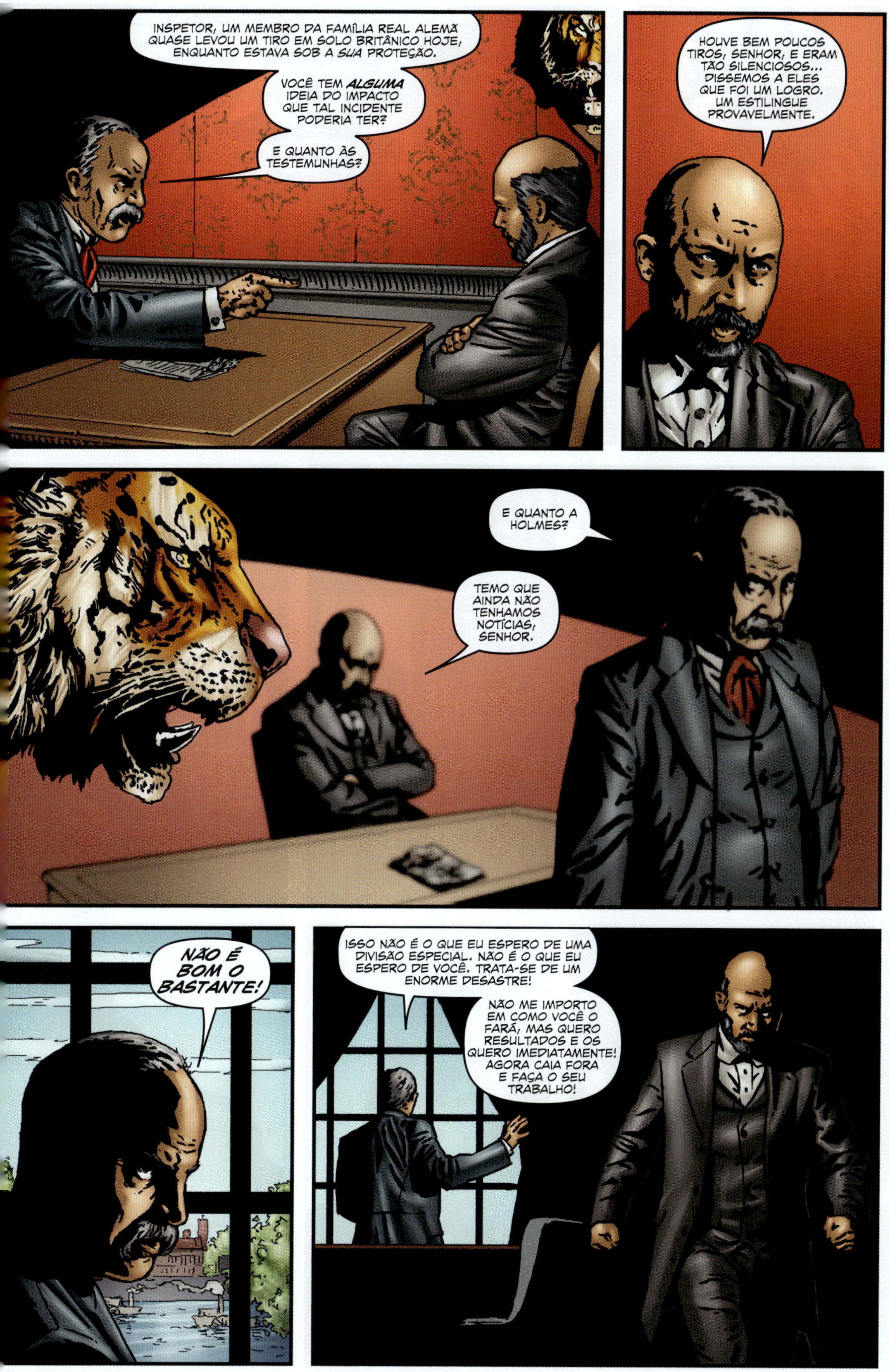
INSPETOR, UM MEMBRO DA FAMÍLIA REAL ALEMÃ QUASE LEVOU UM TIRO EM SOLO BRITÂNICO HOJE, ENQUANTO ESTAVA SOB A *SUA* PROTEÇÃO.
VOCÊ TEM ***ALGUMA*** IDEIA DO IMPACTO QUE TAL INCIDENTE PODERIA TER?
E QUANTO ÀS TESTEMUNHAS?
HOUVE BEM POUCOS TIROS, SENHOR, E ERAM TÃO SILENCIOSOS... DISSEMOS A ELES QUE FOI UM LOGRO. UM ESTILINGUE PROVAVELMENTE.
E QUANTO A HOLMES?
TEMO QUE AINDA NÃO TENHAMOS NOTÍCIAS, SENHOR.
NÃO É BOM O BASTANTE!
ISSO NÃO É O QUE EU ESPERO DE UMA DIVISÃO ESPECIAL. NÃO É O QUE EU ESPERO DE VOCÊ. TRATA-SE DE UM ENORME DESASTRE!
NÃO ME IMPORTO EM COMO VOCÊ O FARÁ, MAS QUERO RESULTADOS E OS QUERO IMEDIATAMENTE! AGORA CAIA FORA E FAÇA O SEU TRABALHO!

FWSHH
TEM CERTEZA DE QUE ESTÁ BEM, MERRY? VOCÊ PARECE ARRASADO.
NÃO VIM AQUI PARA CONVERSAR, BILL. VIM PRA BEBER, ME DEIXA EM PAZ.
TUDO BEM. SÓ QUERIA PUXAR CONVERSA.
BOA TARDE.
O QUE POSSO LHE SERVIR, GUARDA?
DEIXE-ME VER... VOCÊ TEM VINHO DO PORTO?
BEM, EU VOU...
É *VOCÊ!*

PARE! PARE, ESTOU MANDANDO!
PARE!
GELD. PADARIA
PEGUEI!
SR. HOLMES, VOCÊ SIMPLESMENTE ME FEZ GANHAR O DIA!

PALÁCIO DE BUCKINGHAM, À TARDE.
BEM, AGORA QUE VOSSA SENHORIA ESTÁ EM SEGURANÇA...
QUERO AGRADECÊ-LO, INSPETOR LESTRADE.
NÃO FOI NAD...
NÃO. NÃO, VOCÊ ESTÁ SENDO MODESTO, INSPETOR.
SÓ FAZENDO MEU TRABALHO, VOSSA SENHORIA.
VOCÊ PODE MUITO BEM TER SALVADO A MINHA VIDA ESTA MANHÃ.
"NÃO HÁ PISTAS DA IDENTIDADE DO ATIRADOR?"

ESTAMOS COM ALGUNS DOS NOSSOS MELHORES HOMENS NO CASO, VOSSA SENHORIA. ESTOU CERTO DE QUE ELE SERÁ CAPTURADO EM BREVE.
OBRIGADO, INSPETOR. SUA CONFIANÇA É UM CONFORTO PARA MIM.
ACREDITO QUE *ARZT* WATSON NÃO TENHA SIDO TOTALMENTE JUSTO COM VOCÊ.
THE STRAND MAGAZINE
SOU UM GRANDE FÃ DE SEUS TEXTOS E, CLARO, DO GRANDE DETETIVE SHERLOCK HOLMES.
"EU LHE ESCREVI UMA CARTA – *HERR* HOLMES – E DISSE QUE DEVERIA RECORRER A ELE DURANTE MINHA VISITA."
"ACOMPANHEI SUA CARREIRA POR MUITOS ANOS."
PERCEBA, VOCÊ ME CONCEDE UMA GRANDE HONRA AGINDO COMO MEU GUARDIÃO, INSPETOR LESTRADE DA SCOTLAND YARD.
TALVEZ VOCÊ ME ACOMPANHE, CERTO? IREMOS VISITAR *HERR* HOLMES JUNTOS?
TEMO, SENHOR... VOSSA SENHORIA... QUE ISSO NÃO SERÁ POSSÍVEL. NÓS... HÃ... NÃO PODEMOS DEIXÁ-LO SAIR DO PALÁCIO AINDA.
SE ME DÁ LICENÇA, PRECISO VOLTAR AO MEU POSTO.

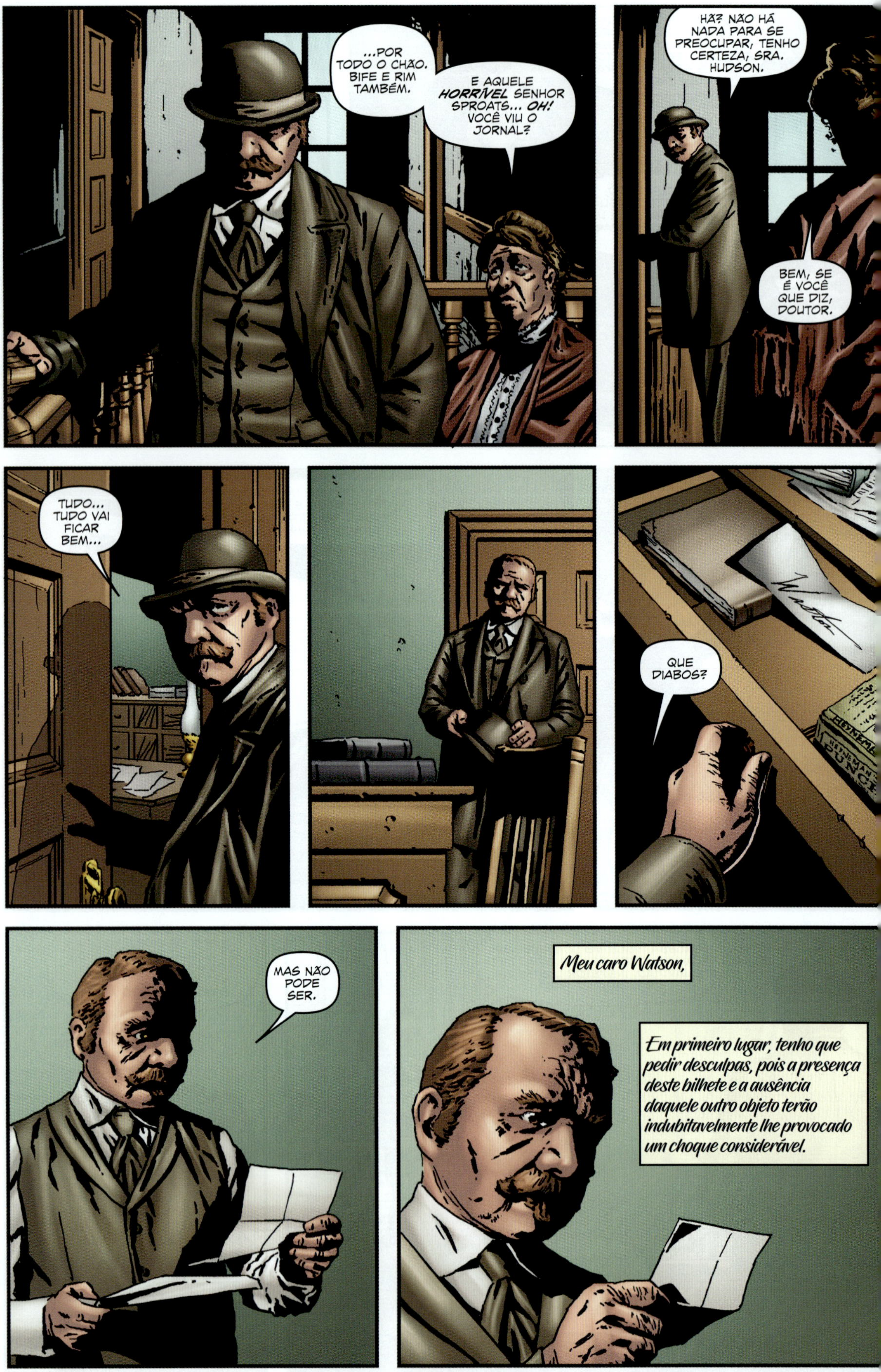
...POR TODO O CHÃO. BIFE E RIM TAMBÉM.
E AQUELE **HORRÍVEL** SENHOR SPROATS... **OH!** VOCÊ VIU O JORNAL?
HÃ? NÃO HÁ NADA PARA SE PREOCUPAR, TENHO CERTEZA, SRA. HUDSON.
BEM, SE É VOCÊ QUE DIZ, DOUTOR.
TUDO... TUDO VAI FICAR BEM...
QUE DIABOS?
MAS NÃO PODE SER.
Meu caro Watson,
Em primeiro lugar, tenho que pedir desculpas, pois a presença deste bilhete e a ausência daquele outro objeto terão indubitavelmente lhe provocado um choque considerável.

Eu teria preferido falar contigo pessoalmente, é claro, mas infelizmente não foi possível.
SAL
ELA
Invadi a casa em segredo enquanto a Sra. Hudson estava em meio de uma conversa com um repórter de jornal.
Abrindo a sua gaveta, encontrei a bala que percebi imediatamente se tratar da que foi removida da casa em Shooters Hill.
HEYNEMANN'S PUNCH
Você foi sábio ao pegá-la, pois se alguém tivesse a intenção de forjar as evidências, teria certamente se livrado dela.
Sinto, no entanto, que o tempo em que tal interferência seria provável já passou. A cena do crime deve retornar a sua condição correta.
Isso é importante, acima de tudo, como você logo entenderá.
Mais abaixo você encontrará uma lista de instruções que deverá seguir ao pé da letra.

SCOTLAND YARD.
SE EU TENHO ALGUM COMENTÁRIO A FAZER? CAI FORA DAQUI!
MALDITOS JORNALISTAS!
ESTÃO SEGURAS E CONFORTÁVEIS? ESPERO QUE SIM.
ESPERE AÍ. UM HOMEM VIRÁ EM BREVE PARA LHE PAGAR.
AQUELE ERA O...?

...SHERLOCK HOLMES!
BEM, VOU...
VOCÊ... VOCÊ O TROUXE. ALGEMADO NO MEIO DA TARDE! DEUS DO CÉU, MERRYN, *QUALQUER UM* PODERIA TÊ-LOS VISTO!
MAS, SENHOR, EU...
TENHO CERTEZA QUE ISSO NÃO POSSA SER EVITADO AGORA, SARGENTO. ALÉM DO MAIS, TAIS COISAS NÃO PODEM SER MANTIDAS EM SEGREDO INDEFINIDAMENTE.
PROCURADO
É MUITO DECENTE DA SUA PARTE DIZÊ-LO, TENHO CERTEZA, SR. HOLMES.
MESMO ASSIM, OFICIAL, É MELHOR VOCÊ CONDUZIR NOSSO CONVIDADO À SUA CELA, E BEM RÁPIDO!
TEM RAZÃO, SENHOR.

...DISSE QUE VOCÊ ENTENDERIA A IMPORTÂNCIA.

CLARO QUE SIM, DOUTOR. COMO VOCÊ SABE, EU E O SR. HOLMES DISCUTÍAMOS O PAPEL DE TAIS PRÁTICAS NO FUTURO DA FORÇA DIVERSAS VEZES.
MMM.

E VOCÊ ENTENDE QUE NINGUÉM PODE SABER DO MEU ENVOLVIMENTO.
ESTOU TOCANDO O TRABALHO INTEIRAMENTE E POR CONTA PRÓPRIA, NÃO TENDO RECEBIDO ORDEM ALGUMA PARA FAZER O CONTRÁRIO. O CASO SENDO INQUESTIONAVELMENTE DE INTERESSE GERAL.
OBRIGADO, HOPKINS, OBRIGADO.
QUALQUER COISA PELO SR. HOLMES, DOUTOR.
MINHA NOSSA!

Confidencial
Comissário de Polícia da Nova Scotland Yard
Senhor, no que diz respeito a nosso encontro de hoje mais cedo, anexo o seguinte relatório detalhando as ações tomadas por aqueles que estão sob o meu comando imediato.
Guardas começaram a contatar informantes que se provaram úteis em antigos casos.
A informação reunida nessas reuniões foi então passada a diversos esquadrões distintos, que conduziram suas investigações simultaneamente.
Dada a natureza potencialmente política do atentado, optei por focar largamente em suspeitos de origem estrangeira.
Alphonse Bordeaux — que pintou um retrato do incendiário do parque Greenwich — estava entre os primeiros a serem presos.
Pensando que as associações anarquistas do francês o tornariam uma boa fonte de informação, ele foi profundamente interrogado.
Informações reunidas com Bordeaux levaram os oficiais a um bom número de endereços dentro da cidade onde seus compatriotas em busca de asilo político ainda estavam residindo.
Se o atentado teve de fato motivação política, esses refugiados franceses, agora em custódia, podem ainda vir a ser nossas pistas mais contundente.

Simultaneamente, oficiais investigavam pessoas que haviam acabado de chegar em Londres ou que vinham agindo de maneira suspeita.
Descobriu-se que dois chineses, obviamente ricos, que haviam acabado de ser vistos nos bairros pobres da capital, eram traficantes de fogos de artifício que estavam em uma visita de negócios.
Ao passo que o público se mostrava geralmente ansioso para ajudar, houve diversas ocorrências inevitáveis.
Menciono isso principalmente porque, em uma ou duas ocasiões, oficiais foram ameaçados com queixas formais.
Mais notadamente no caso de um velho cavalheiro suiço que alegou ter problemas de coração e registrou o nome do oficial superior.
Por fim, fique tranquilo que o informarei de quaisquer novidades, assim que ocorrerem.
Eu continuo sendo, senhor, seu mais fiel funcionário.
SUSPIRO

CENTRO COMERCIAL, AO ANOITECER.
EI, QUAL É O PROBLEMA?
O QUE ESTÁ HAVENDO?
ESTÁ TUDO PARADO, SENHOR. ALGO ACONTECEU MAIS À FRENTE.
MEU DEUS! O ANIMAL FICOU LOUCO!
AQUI, VENHAM! SEGUREM A CARRUAGEM! VAMOS LEVANTÁ-LA JUNTOS!
CORDEUX & SONS. LTD

ISSO! ESTÁ SE MEXENDO! PEGUEM-NO! PEGUEM O GAROTO!
AAAH! MINHAS PERNAS! DÓI MUITO, SENHOR!
QUE HORROR, HEIN? POBRE RAPAZ.
SIM...
K HOLMES PRESO
GRANDE DETETIVE FOI LEVADO
DELEGACIA DE CHANNEL ROW
MEU DEUS!

"CHOVE SOBRE O JUSTO..."
"...E SOBRE O INJUSTO."
O SR. HOLMES RECEBERÁ ALGUM TRATAMENTO ESPECIAL? E QUANTO ÀS REFEIÇÕES?

O QUE ESTÁ ACONTECENDO? O QUE ESSA TURBA ESTÁ FAZENDO AQUI?
ELES APARECERAM DEPOIS QUE SAIU A EDIÇÃO VESPERTINA, SENHOR...
COMISSÁRIO? TEM ALGUM COMENTÁRIO A FAZER SOBRE A HISTÓRIA? POR QUE HOLMES ESTÁ PRESO?
LIVRE-SE DESSES HOMENS. DIGA A ELES QUE PODERÃO PASSAR UMA NOITE NA CADEIA PELA PRIMEIRA VEZ SE NÃO SAÍREM DAQUI.

≈A-HÃ≈ O COMISSÁRIO BRADFORD QUER VÊ-LO, SENHOR.
SR. HOLMES.
COMISSÁRIO, GENTIL DA SUA PARTE APARECER.
GOSTARIA, É CLARO, QUE AS CIRCUNSTÂNCIAS FOSSEM MAIS AGRADÁVEIS.
AH, OBRIGADO, GUARDA.
O FATO É QUE, SE NÃO FOSSE TODA ESSA HISTÓRIA COM SIR HENRY... BEM, PENSO QUE ESTARÍAMOS PEDINDO OS SEUS CONSELHOS.
LAMENTAVELMENTE, SENHOR, EU NÃO ESTOU EM POSIÇÃO DE OFERECER QUALQUER AJUDA.
PODE FECHAR A PORTA, GUARDA? EU CHAMO QUANDO TERMINAR AQUI.

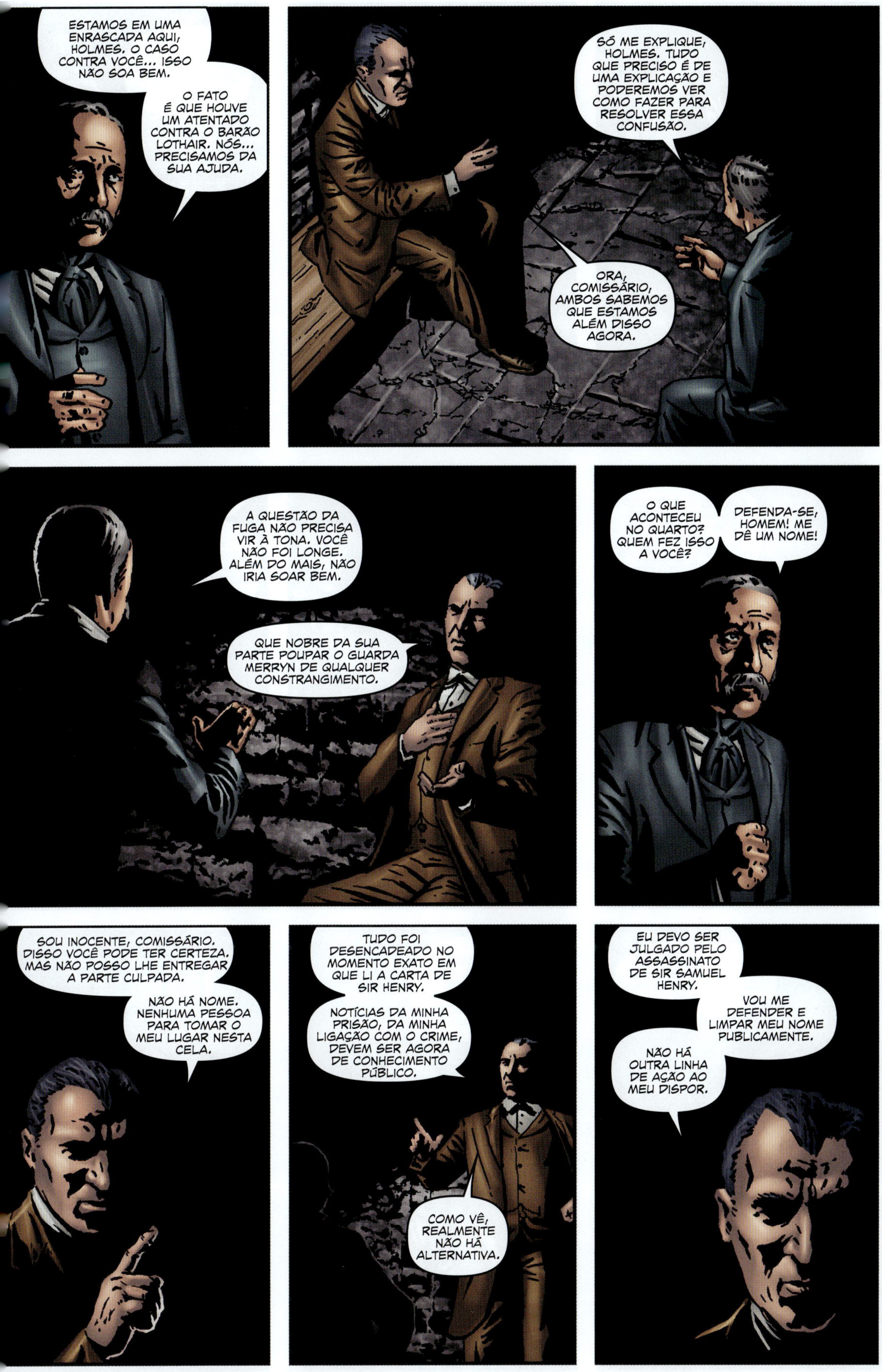
ESTAMOS EM UMA ENRASCADA AQUI, HOLMES. O CASO CONTRA VOCÊ... ISSO NÃO SOA BEM.
O FATO É QUE HOUVE UM ATENTADO CONTRA O BARÃO LOTHAIR. NÓS... PRECISAMOS DA SUA AJUDA.
SÓ ME EXPLIQUE, HOLMES. TUDO QUE PRECISO É DE UMA EXPLICAÇÃO E PODEREMOS VER COMO FAZER PARA RESOLVER ESSA CONFUSÃO.
ORA, COMISSÁRIO, AMBOS SABEMOS QUE ESTAMOS ALÉM DISSO AGORA.
A QUESTÃO DA FUGA NÃO PRECISA VIR À TONA. VOCÊ NÃO FOI LONGE. ALÉM DO MAIS, NÃO IRIA SOAR BEM.
QUE NOBRE DA SUA PARTE POUPAR O GUARDA MERRYN DE QUALQUER CONSTRANGIMENTO.
O QUE ACONTECEU NO QUARTO? QUEM FEZ ISSO A VOCÊ?
DEFENDA-SE, HOMEM! ME DÊ UM NOME!
SOU INOCENTE, COMISSÁRIO. DISSO VOCÊ PODE TER CERTEZA. MAS NÃO POSSO LHE ENTREGAR A PARTE CULPADA.
NÃO HÁ NOME. NENHUMA PESSOA PARA TOMAR O MEU LUGAR NESTA CELA.
TUDO FOI DESENCADEADO NO MOMENTO EXATO EM QUE LI A CARTA DE SIR HENRY.
NOTÍCIAS DA MINHA PRISÃO, DA MINHA LIGAÇÃO COM O CRIME, DEVEM SER AGORA DE CONHECIMENTO PÚBLICO.
COMO VÊ, REALMENTE NÃO HÁ ALTERNATIVA.
EU DEVO SER JULGADO PELO ASSASSINATO DE SIR SAMUEL HENRY.
VOU ME DEFENDER E LIMPAR MEU NOME PUBLICAMENTE.
NÃO HÁ OUTRA LINHA DE AÇÃO AO MEU DISPOR.

DING DONG DING DONG DING DONG DING DONG
JÁ VAI!
O QUE VOC... AH, É VOCÊ, INSPETOR. ACHAVA QUE PODIA SER UM INCÊNDIO... TANTA PRESSA...
SRA. HUDSON, PRECISO VER WATSON.
LESTRADE? O QUE HOUVE? QUE BARULHO TODO FOI ESSE?
PRECISAMOS CONVERSAR, WATSON. TUDO NOS FOI ESCONDIDO. MAS AGORA ESTÁ VINDO À TONA!
SIM, EU VI A EDIÇÃO VESPERTINA... MAS VOCÊ NÃO DEVE VIR AQUI. SE ALGUÉM O VIU, PODE TORNAR AS COISAS PIORES!
MAS TEMOS QUE FAZER ALGO! TEMOS QUE AJUDÁ-LO!
NÃO PODEMOS, LESTRADE. NÃO DÁ. NÃO IMPORTA COMO, TEMOS QUE MANTER DISTÂNCIA.
DAVIS TEM RAZÃO: SOMOS MUITO PRÓXIMOS AO CASO. VOCÊ TEM QUE ENTENDER.
SE VOCÊ FICAR DESOBEDECENDO ORDENS E A LEI... SÓ PIORAREMOS A SITUAÇÃO.
NÃO ACREDITO QUE ESTOU OUVINDO ISSO, JOHN! DE TODAS AS PESSOAS...
POR FAVOR, LESTRADE. POR TODOS NÓS. ESQUEÇA. NÃO HÁ NADA QUE VOCÊ POSSA FAZER.

O JULGAMENTO DE SHERLOCK HOLMES

PARTE 5

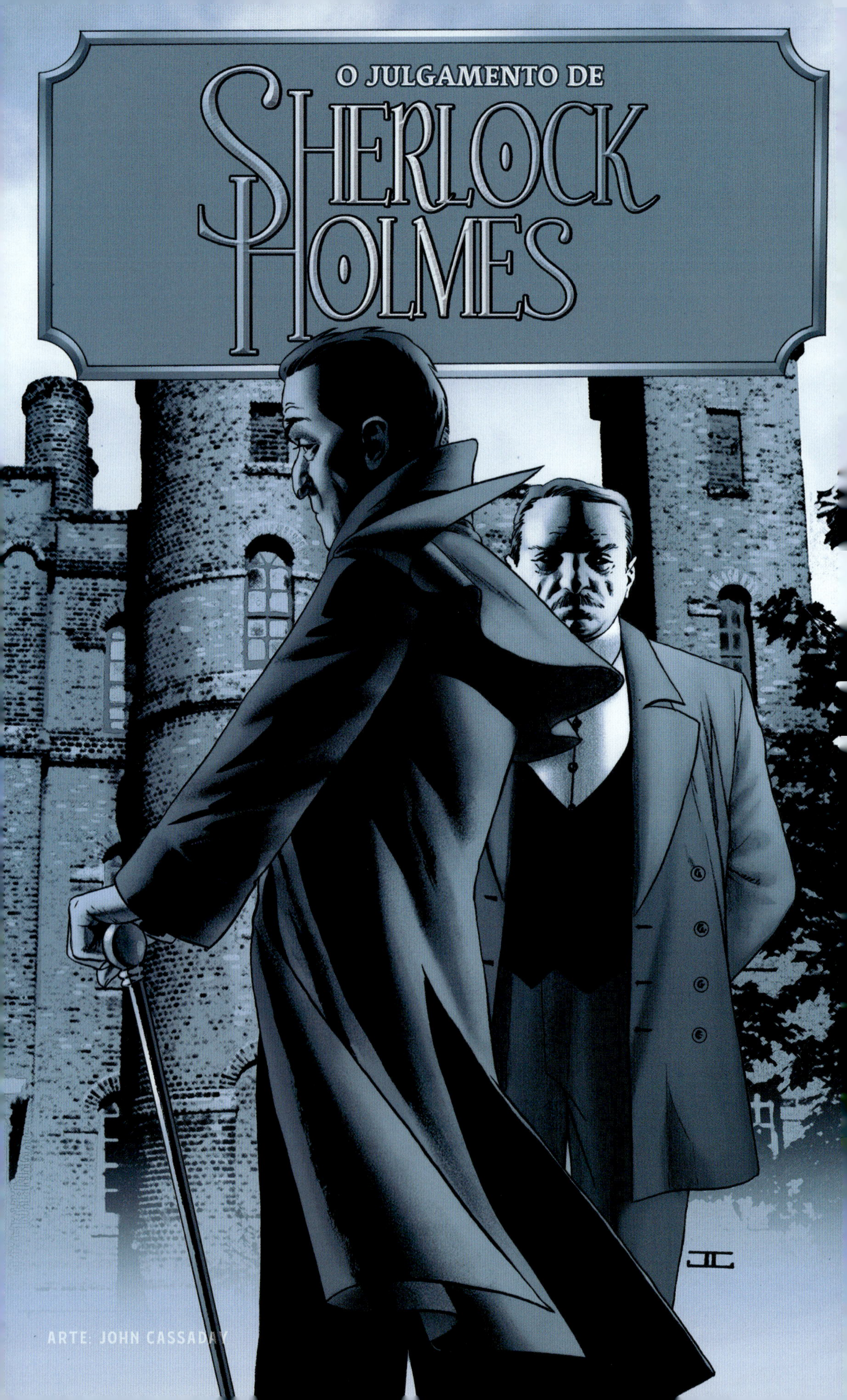
O JULGAMENTO DE
SHERLOCK
HOLMES
ARTE: JOHN CASSADAY

Um julgamento singular começa hoje no Old Bailey de Londres.
Um homem é acusado de assassinato. Isso talvez seja bem chocante, mas lamentavelmente comum neste dia e nessa era, em que as ruas estão cheias de estranguladores e lunáticos.
No entanto, esse não é um canalha qualquer, pois se trata de ninguém menos do que o detetive mais famoso do mundo, o Sr. Sherlock Holmes, da Baker Street de Londres.
Foi relatado que o Sr. Holmes estava entre aqueles que trabalhavam numa casa em Shooters Hill algumas noites atrás.
Um grave delito ocorreu na ocasião, um homem foi assassinado a sangue-frio.
Sir Samuel Henry - antigo comissário assistente da Polícia da Metrópole - era essa alma pobre e infeliz.
A vida de Sir Henry, aparentemente, havia sido ameaçada abertamente e, além do Sr. Holmes, cerca de uma dúzia de policiais estava no local.

A natureza exata do trágico assassinato ainda não está totalmente aparente.
Contudo, acredita-se que a parte que cabe a Holmes foi das mais perniciosas.
Multidões de tamanho considerável são esperadas tanto dentro quanto fora da corte hoje.
Seus membros esperam saber mais sobre esse julgamento extraordinário e totalmente sem precedentes.
THE GREAT DETECTIVE ON TRIAL!
ORDEM! ORDEM NA CORTE!
EU QUERO SILÊNCIO NESTE TRIBUNAL!
AGORA, QUE A PROMOTORIA POR FAVOR LEIA A ACUSAÇÃO.

SHERLOCK HOLMES, VOCÊ É ACUSADO DO ASSASSINATO DE SIR SAMUEL HENRY.
O QUE VOCÊ ALEGA?
SOU INOCENTE.
MUITO BEM, SR. HOLMES. VOCÊ RECEBERÁ UM JULGAMENTO DE ACORDO COM AS LEIS DESTE PAÍS.
EU ENTENDO, SR. HOLMES, QUE VOCÊ QUER SE DEFENDER. QUE SEJA ENTÃO.
O SR. GILL CONDUZIRÁ A ACUSAÇÃO. PROCEDA, SENHOR.

DETETIVE LESTRADE? TENHO O PROCURADO POR TODA PARTE, SENHOR!
DESCULPE. ALGUM PROBLEMA?
É O BARÃO LOTHAIR, SENHOR. ELE DESEJA LHE FALAR URGENTEMENTE.
ELE MENCIONOU O JULGAMENTO...
VOCÊ PODERIA DIZER À SUA SENHORIA, COM TODO O DEVIDO RESPEITO, QUE ESTOU NISSO APENAS PARA SUA *PROTEÇÃO.*
NINGUÉM DEVE DEIXAR ESTE PALÁCIO ATÉ QUE SUA MAJESTADE E SUA SENHORIA VIAJEM PARA BALMORAL AMANHÃ.
SIM, SENHOR. MUITO BEM, SENHOR.

TOC TOC TOC
VOSSA SENHORIA, O INSPETOR LESTRADE ESTÁ INDISPOSTO NO MOMENTO E PEDE DESCULPAS.
ALGO MAIS, VOSSA SENHORIA?
NÃO. OBRIGADO.
O JULGAMENTO DO GRANDE DETETIVE

...E VOCÊ TEM CERTEZA QUE NINGUÉM ALÉM DO SR. HOLMES ENTROU NA SALA?
SIM, SENHOR.
OBRIGADO, GUARDA, PODE VOLTAR AO SEU LUGAR.
GOSTARIA DE CHAMAR AGORA O DR. JOHN WATSON PARA DEPOR.
VENHA, POR FAVOR, DOUTOR, NÃO TEMOS O DIA INTEIRO.
DOUTOR WATSON, VOCÊ ESTAVA ENTRE OS PRIMEIROS A ENTRAR NO QUARTO DE SIR HENRY DEPOIS QUE O TIRO FOI OUVIDO, NÃO?
SIM.
EM QUE CONDIÇÃO ESTAVA SIR HENRY?
"ELE ESTAVA MORTO, SENHOR."
E COMO ELE MORREU?
ELE... LEVOU UM TIRO NO ESTÔMAGO. NO ENTANTO, DEV...
OBRIGADO, DOUTOR. ISSO É TUDO.

QUERO CHAMAR AGORA O INSPETOR DAVIS DA DIVISÃO ESPECIAL, O OFICIAL MAIS BEM GRADUADO PRESENTE À CENA DO CRIME.
INSPETOR, ONDE VOCÊ ESTAVA QUANDO O TIRO FOI OUVIDO?
"ESTAVA EM FRENTE À CASA COM O GUARDA, SENHOR."
"CORREMOS ESCADA ACIMA E ENCONTRAMOS A PORTA DO QUARTO TRANCADA POR DENTRO E FOMOS FORÇADOS A ARROMBÁ-LA."
TRANCADA POR *DENTRO*.
E O SR. HOLMES ESTAVA DESTRAVANDO A PORTA ENQUANTO VOCÊS A ARROMBAVAM?
"NÃO, SENHOR. O SR. HOLMES ESTAVA EM PÉ AO LADO DA CAMA DE SIR HENRY."
"ELE ESTAVA COM A PISTOLA NA MÃO, SENHOR. A ARMA HAVIA EVIDENTEMENTE SIDO DESCARREGADA POUCO ANTES."
ENTENDO. E QUANTO A ESTES DOCUMENTOS?
ENCONTREI ESSES PAPÉIS AO LADO DA LAREIRA, SENHOR.
SE TIVÉSSEMOS CHEGADO POUCO TEMPO DEPOIS, CREIO QUE ELES TERIAM SIDO DESTRUÍDOS.

INSPETOR LESTRADE! VOCÊ PRECISA VIR IMEDIATAMENTE!
ESPERAVA VER SUA SENHORIA SOB SUA PROTEÇÃO, SENHOR. E-EU ACHAVA QUE ELE PODERIA TER SAÍDO PARA PROCURÁ-LO, ENTENDE?
ELE ESTAVA AQUI QUANDO O DEIXEI.
VOCÊ FALOU ISSO PARA MAIS ALGUÉM?
AINDA NÃO, SENHOR... PENSEI...
BOM.
"ELE ESCOLHEU A HORA CERTA. COM TUDO SENDO EMPACOTADO PARA A JORNADA DE AMANHÃ, HAVERÁ VÁRIAS IDAS E VINDAS."
MAS, SENHOR, ONDE SUA SENHORIA PODERIA TER IDO?
ACREDITO QUE SEI *EXATAMENTE* PARA ONDE ELE ESTÁ INDO.

WAS GESCHIEHT?
CONDUTOR? POR QUE ESTAMOS FREANDO?
É UMA MULTIDÃO, VOSSA SEN... SENHOR. EU PODERIA TENTAR UMA OUTRA ROTA?
NÃO, EU TENHO PERNAS.
‹ELE ESTÁ NO MEIO DA RUA!›
‹COM CERTEZA, AGORA É A HORA, ENQUANTO ELE ESTÁ SOZINHO...›
‹PACIÊNCIA, MEU AMIGO, SABEMOS PARA ONDE ELE ESTÁ INDO, NÃO?›
‹DE QUALQUER JEITO, PARA O NOSSO OBJETIVO, PRECISAMOS DE PÚBLICO...›

...COMPILOU O DOSSIÊ POR MUITOS ANOS.
ELE GUARDOU SUAS SUSPEITAS PARA SI ATÉ QUE, TEMENDO A MORTE POR CONTA DA SAÚDE ABALADA, DECIDIU CONFRONTAR HOLMES.
TEMOS QUE SUPOR QUE SIR HENRY FABRICOU A AMEAÇA CONTRA SUA VIDA PARA GARANTIR A PROTEÇÃO DA POLÍCIA.
ENTÃO, QUANDO CHEGOU A HORA, ELE CHAMOU HOLMES ATÉ SEU QUARTO.
SIR HENRY DEVIA ESTAR ESPERANDO QUE ELE SE CURVASSE À RAZÃO E CONFESSASSE TUDO AOS OFICIAIS QUE O ESPERAVAM.
EM VEZ DISSO, *FURIOSO*, HOLMES SACOU SUA PISTOLA E *ATIROU* NELE.
ELE MATOU UM HOMEM HONRADO A SANGUE-FRIO.
E SE NÃO FOSSE PELA AÇÃO DE DAVIS, ELE TERIA DESTRUÍDO O DOSSIÊ.
=A-HÃ= OBRIGADO, SR. GILL.
SR. HOLMES, VOCÊ AGORA PODE FALAR EM SUA DEFESA.
MUITO OBRIGADO, MERITÍSSIMO. E *OBRIGADO*, SR. GILL. ISSO TUDO FOI MUITO INTERESSANTE.

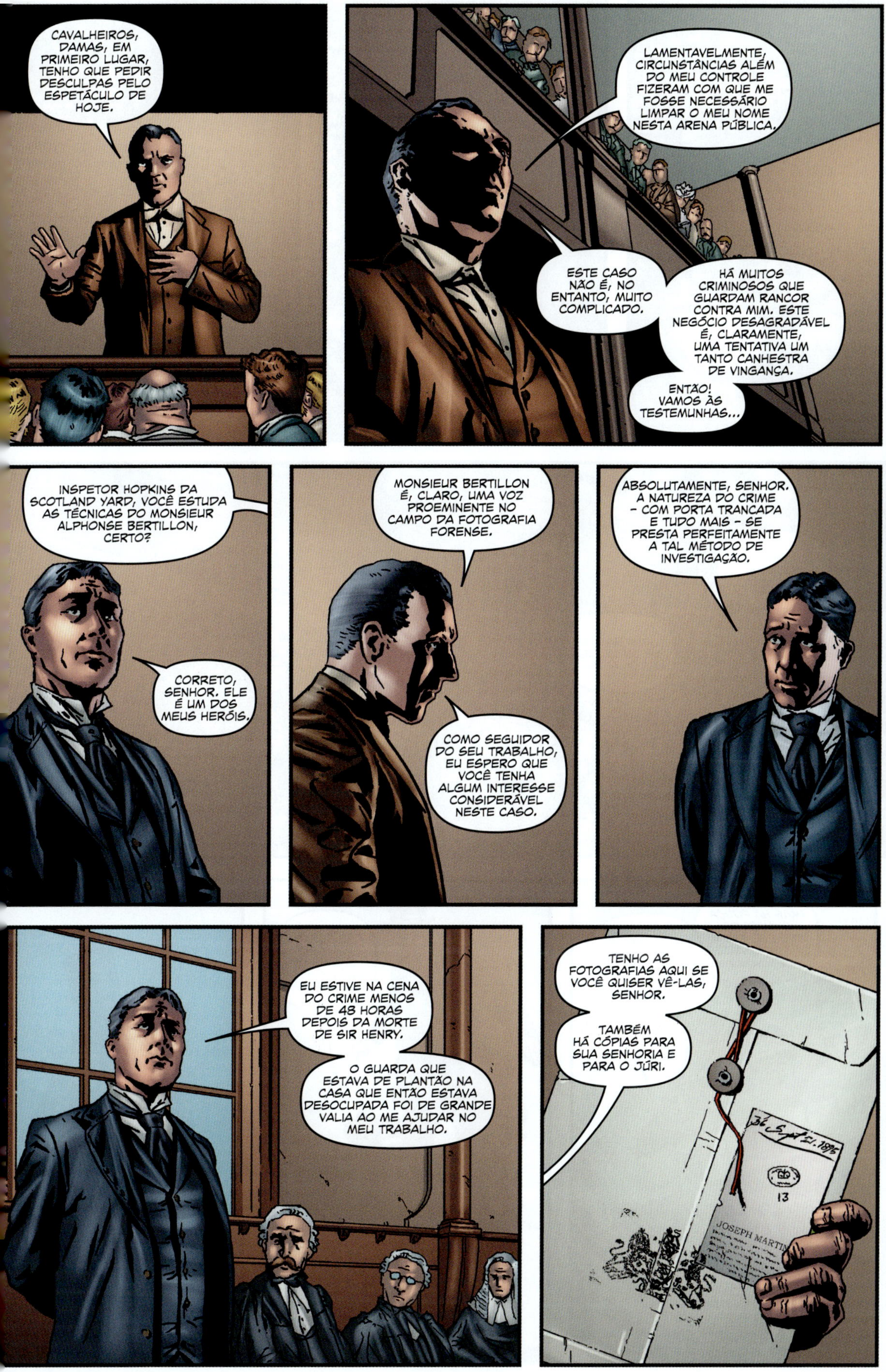
CAVALHEIROS, DAMAS, EM PRIMEIRO LUGAR, TENHO QUE PEDIR DESCULPAS PELO ESPETÁCULO DE HOJE.
LAMENTAVELMENTE, CIRCUNSTÂNCIAS ALÉM DO MEU CONTROLE FIZERAM COM QUE ME FOSSE NECESSÁRIO LIMPAR O MEU NOME NESTA ARENA PÚBLICA.
ESTE CASO NÃO É, NO ENTANTO, MUITO COMPLICADO.
HÁ MUITOS CRIMINOSOS QUE GUARDAM RANCOR CONTRA MIM. ESTE NEGÓCIO DESAGRADÁVEL É, CLARAMENTE, UMA TENTATIVA UM TANTO CANHESTRA DE VINGANÇA.
ENTÃO! VAMOS ÀS TESTEMUNHAS...
INSPETOR HOPKINS DA SCOTLAND YARD, VOCÊ ESTUDA AS TÉCNICAS DO MONSIEUR ALPHONSE BERTILLON, CERTO?
CORRETO, SENHOR. ELE É UM DOS MEUS HERÓIS.
MONSIEUR BERTILLON É, CLARO, UMA VOZ PROEMINENTE NO CAMPO DA FOTOGRAFIA FORENSE.
COMO SEGUIDOR DO SEU TRABALHO, EU ESPERO QUE VOCÊ TENHA ALGUM INTERESSE CONSIDERÁVEL NESTE CASO.
ABSOLUTAMENTE, SENHOR. A NATUREZA DO CRIME - COM PORTA TRANCADA E TUDO MAIS - SE PRESTA PERFEITAMENTE A TAL MÉTODO DE INVESTIGAÇÃO.
EU ESTIVE NA CENA DO CRIME MENOS DE 48 HORAS DEPOIS DA MORTE DE SIR HENRY.
O GUARDA QUE ESTAVA DE PLANTÃO NA CASA QUE ENTÃO ESTAVA DESOCUPADA FOI DE GRANDE VALIA AO ME AJUDAR NO MEU TRABALHO.
TENHO AS FOTOGRAFIAS AQUI SE VOCÊ QUISER VÊ-LAS, SENHOR.
TAMBÉM HÁ CÓPIAS PARA SUA SENHORIA E PARA O JÚRI.
13
JOSEPH MARTIN

...RÁPIDO! VENHA...
...ELE NÃO É UM PRISIONEIRO QUALQUER...
...É CLARO QUE ELE É INOCENTE...
...DESDE WILDE NA PRIMAVERA...
...UM BANDO DE MALDITOS MILTONIANOS...
‹MAS HÁ POUCA CHANCE DE QUE ELE TENHA CHEGADO ANTES DE NÓS!›
‹MAS MESMO ALGO SENDO IMPROVÁVEL, NÃO QUER DIZER QUE É IMPOSSÍVEL.›
‹VÁ! RÁPIDO! PRECISO SABER SE ELE JÁ ESTÁ DENTRO.›

PARA LÁ! ALI!
QUAL DELES, INSPETOR LESTRADE?
AH, CERTO, O DE CHAPÉU PANAMÁ! ESTOU VENDO, SENHOR!
ANDA LOGO! E LEVE ALGUNS HOMENS ATÉ LÁ.
PRRRIIIIIII

¿A-HÁ? SR. HOLMES?
MINHAS DESCULPAS, MERITÍSSIMO, A CENA DE QUALQUER CRIME TRAZ UM FASCÍNIO PECULIAR PARA MIM.
"CONTINUANDO: MOTIVO! O SR. GILL DECLARA QUE É MINHA TENTATIVA DE ENCOBRIMENTO DE DIVERSOS OUTROS CRIMES.
"CRIMES ABOMINÁVEIS O BASTANTE PARA SE MATAR ALGUÉM."
CONTUDO, O SR. GILL NÃO APRESENTOU EVIDÊNCIAS QUE ME LIGASSEM A UM ÚNICO OUTRO CRIME QUE FOSSE.
CLARAMENTE, OS DOCUMENTOS NÃO VALIAM A MORTE DE NINGUÉM.
VAMOS À CENA DO CRIME. INSPETOR, VOCÊ PODERIA EXPLICAR O QUE É MOSTRADO NAS FOTOGRAFIAS MARCADAS COM F E G?
BURACOS DE BALA, SENHOR.
SUAS LOCALIZAÇÕES?
UM NO ASSOALHO, PERTO DA LAREIRA, E OUTRO NO REBOCO PERTO DA JANELA. AS BALAS FORAM AMBAS RECUPERADAS, SENHOR.
FLOOR
EST WALL
E A FOTOGRAFIA E?
ELA MOSTRA QUE, APESAR DE TODOS OS OUTROS RELÓGIOS ESTAREM PERFEITAMENTE SINCRONIZADOS, OS DO QUARTO ESTAVAM TRÊS MINUTOS ADIANTADOS.
INSPETOR DAVIS, VOCÊ ENCONTROU ALGO DIGNO DE NOTA EM RELAÇÃO AOS RELÓGIOS DURANTE A SUA VISITA?
HÃ? BEM, ELES ERAM INÚMEROS... E, PELO QUE ME LEMBRO, BARULHENTOS.
RELÓGIOS TÊM QUE BADALAR, INSPETOR, DE QUE OUTRA FORMA ELES VÃO NOS DIZER QUE HORAS SÃO?
ELES SOAVAM EM UM VOLUME EXTREMAMENTE ALTO. NOS QUARTOS DE HORA, ASSIM COMO NAS HORAS INTEIRAS.
E A FOTO A, INSPETOR HOPKINS?
O "OLHO DE DEUS", SENHOR. UM RETRATO TIRADO DA ALTURA DO TETO, ENQUADRANDO O QUARTO INTEIRO, A MELHOR INOVAÇÃO DE BERTILLION.

VOCÊ VERÁ, MERITÍSSIMO, A GRANDE QUANTIDADE DE SANGUE ENCHARCANDO OS LENÇÓIS...
AH! E CLARO... A GOVERNANTA!
A SRA. GAMMAGE FOI, ALÉM DE MIM, A ÚLTIMA PESSOA A VER SIR HENRY VIVO. MAS ONDE ELA ESTÁ?
ALGUÉM PODE ME FALAR DE SEU PARADEIRO?
SIM! SOU O SR. BORD, ADVOGADO DE SIR HENRY. A SRA. GAMMAGE VIAJOU RECENTEMENTE PARA FORA DO PAÍS, SENHOR.
FORA DO PAÍS?
SIM, SENHOR. PARA CUIDAR DA FILHA DE SIR HENRY. INFELIZMENTE, ELA SOFRE DE TUBERCULOSE E RESIDE EM UM ALBERGUE PARA DESAMPARADOS NA ITÁLIA.
QUE TRISTEZA. OBRIGADO, SENHOR.
VOLTANDO AOS LENÇÓIS DA CAMA, QUERO CHAMAR O DR. WATSON...
WATSON?
PARECE QUE ELE NÃO ESTÁ MAIS AQUI. MUITO BEM... O MÉDICO DE SIR HENRY ESTÁ?
SOU EU, O DR. SHOWERS. AO SEU SERVIÇO.
"DIGA-ME, DOUTOR. NA SUA OPINIÃO DE PROFISSIONAL, QUAL É O TEMPO MAIS LONGO QUE UM HOMEM PODE VIVER SE LEVAR UM TIRO NO ESTÔMAGO?"
SE A BALA PENETROU APENAS O ABDÔMEN E O ESTÔMAGO, EU DIRIA QUINZE MINUTOS NO MÁXIMO.
QUINZE MINUTOS.
MUITO OBRIGADO, DOUTOR.

"AGORA, VAMOS VOLTAR MAIS UMA VEZ AO COMEÇO."
"FOI SUGERIDO PELO SR. GILL QUE SIR HENRY FABRICOU A AMEAÇA CONTRA A SUA PRÓPRIA VIDA."
"FAZENDO MENÇÃO À BOMBA QUE EXPLODIU RECENTEMENTE NA RUA DOYLE, E AMEAÇANDO TOMAR ATITUDES ADICIONAIS PARA GARANTIR A PRESENÇA DA POLÍCIA EM SUA CASA."
SUA CARTA PARA MIM SALIENTOU A NATUREZA PECULIAR E RECENTE DA SUPOSTA AMEAÇA À SUA VIDA, GARANTINDO ASSIM A MINHA ATENÇÃO.
NESSES DETALHES, EU CONCORDO COM O SR. GILL.
"QUANDO OS RELÓGIOS TOCARAM ÀS QUINZE PARA AS SETE, O INSPETOR LESTRADE, WATSON, O INSPETOR DAVIS E EU ESTÁVAMOS JUNTOS NA SALA DE ESTAR."
"QUINZE MINUTOS ANTES DE SIR HENRY ESTAR MARCADO PARA MORRER."
QUANDO EU FUI CHAMADO PARA O QUARTO DE SIR HENRY, FIQUEI CHOCADO AO VÊ-LO EM UM ESTADO TERRÍVEL.
O QUARTO ESTAVA ABAFADO, CONTUDO ELE ESTAVA COBERTO POR VÁRIAS CAMADAS DE COBERTORES.
ELE ENGOLIA AS PALAVRAS ENQUANTO ME PEDIA PARA TRANCAR A PORTA.
AVISTEI ALGUNS PAPÉIS SOBRE A LAREIRA, MAS A MINHA ATENÇÃO ESTAVA VOLTADA PARA O PRÓPRIO SIR HENRY.
QUASE NA MESMA HORA O RELÓGIO DO QUARTO COMEÇOU A TOCAR.
OLHEI PARA ELE E, QUANDO ME VOLTEI PARA A CENA, SIR HENRY HAVIA JOGADO OS COBERTORES PARA O LADO.

"ELE ESTAVA ENCHARCADO DE SANGUE, COM UMA PISTOLA EM SUA MÃO TRÊMULA."
"ANTES QUE EU PUDESSE DIZER QUALQUER COISA, ELE ATIROU NO CHÃO, BEM AOS MEUS PÉS – O EXATO TIRO QUE FOI OUVIDO POR TODA A CASA.
"SIR HENRY CAIU PARA TRÁS, SENTINDO UMA ÓBVIA DOR, E EU DEI UM PASSO À FRENTE PARA DESARMÁ-LO, NA MESMA HORA EM QUE OS RELÓGIOS DA CASA COMEÇARAM A SOAR."
"DEVE-SE NOTAR QUE, DURANTE AS SEMANAS QUE ANTECEDERAM ESTE CASO, MEU PARCEIRO WATSON ESTAVA FORA DE LONDRES VISITANDO UM PARENTE."
DURANTE ESSE PERÍODO, EU FUI, COMO SEMPRE, CONVOCADO DIARIAMENTE POR VÁRIAS PESSOAS EM BUSCA DE ACONSELHAMENTO.
UM DESSES VISITANTES HAVIA EVIDENTEMENTE APROVEITADO A OPORTUNIDADE PARA ROUBAR A MINHA PISTOLA.
"EM PÉ NAQUELE QUARTO QUENTE COMO O INFERNO, EU PERCEBI, COM UM CHOQUE CONSIDERÁVEL, QUE AQUELA PISTOLA ERA MINHA."
"AO CONTRÁRIO DO QUE WATSON ESCREVE, NÃO ESTOU TOTALMENTE IMUNE AO ESPANTO."
"FOI NESSE ESTADO CONFUSO EM QUE FUI ENCONTRADO, COM A ARMA NA MÃO."

"O MAIS CONFUSO PARA MIM FOI VER COMO QUALQUER UM PODERIA APROVEITAR AQUELA CENA E ACREDITAR QUE EU HAVIA ASSASSINADO SIR SAMUEL HENRY A SANGUE-FRIO.
"SUPOSTAMENTE, EU CAÍ EM SUA ARMADILHA. E ATIREI NELE PARA ENCOBRIR MEUS CRIMES."
"CONTUDO, ASSASSINAR UM HOMEM EM UMA CASA CHEIA DE POLICIAIS SERIA IMPRUDENTE AO EXTREMO."
"POSSO GARANTIR QUE, SE TIVESSE O INTUITO DE COMETER TAL TIPO DE CRIME, EU PODERIA MONTAR UMA CENA BEM MENOS INCRIMINADORA."
"O PONTO CRUCIAL É O SEGUINTE: SE QUALQUER UM QUISESSE SIR HENRY MORTO, SÓ PRECISARIA ESPERAR, NO MÁXIMO, UMA OU DUAS SEMANAS."
"A ÚNICA COISA QUE SE GANHOU COM A SUA MORTE FOI A MINHA PRÓPRIA INCRIMINAÇÃO."
TENHO MUITOS INIMIGOS – É UMA CONSEQUÊNCIA NATURAL DO MEU TRABALHO.
ALGUÉM – UMA LIGA DE CRIMINOSOS, TALVEZ – ESCOLHEU SIR HENRY SABENDO DE SUA SAÚDE FRÁGIL E DE SUAS DIFICULDADES FINANCEIRAS.
"SOUBE-SE ANTES QUE A SRTA. HENRY RESIDE EM UM SANATÓRIO DE CARIDADE FORA DO PAÍS."

"EU FICARIA MUITO SURPRESO SE TAL INSTITUIÇÃO NÃO TIVESSE RECEBIDO RECENTEMENTE UMA DOAÇÃO ALTA E ANÔNIMA."
SIR HENRY FOI MUNIDO DO DOSSIÊ CHAMUSCADO E ATÉ MESMO DA MINHA PRÓPRIA PISTOLA.
TODA A TRAMA LHE FOI CUIDADOSAMENTE EXPLICADA.
"O RELÓGIO NO QUARTO TOCOU ANTES DA HORA PARA QUE ELE PUDESSE CALCULAR EXATAMENTE QUANDO OS OUTROS IRIAM ATACAR."
"ÀS QUINZE PARA AS SETE, SIR HENRY ATIROU EM SI MESMO, SENDO QUE O TIRO FOI ABAFADO PELO BADALAR ESTRIDENTE DOS RELÓGIOS."
"SUA BALA SE ALOJOU NA PAREDE ONDE ESTAVA O REBOCO."
"MAIS TARDE, QUANDO O RELÓGIO DO QUARTO TOCOU POUCO ANTES DAS SETE, ELE DEU UM SEGUNDO TIRO QUE SERIA OUVIDO."
ESSA FOI SUA ÚLTIMA AÇÃO, POIS OS QUINZE MINUTOS ANTERIORES ELE PASSOU SANGRANDO ATÉ A MORTE DEBAIXO DAS COBERTAS.
"UM SER HUMANO TRATADO COMO NADA ALÉM DE UM PEÃO EM UM JOGO MORTAL."

ALGUNS DIAS DEPOIS.
...SEU PRÓPRIO IRMÃO PARA A FORCA.
ORA, MEU VELHO, AMBOS SABÍAMOS QUE JAMAIS A COISA CHEGARIA A ESSE PONTO.
VOCÊ MENCIONOU O SEU AMIGO INSPETOR ANTES, COMO ELE ESTÁ?
LESTRADE ESTÁ SE RECUPERANDO MUITO BEM.
ELE CONSERVARÁ SUA PATENTE APESAR DOS ERROS QUE COMETEU. SUPONHO QUE DEVA AGRADECÊ-LO...?
NEM TANTO. SEU HEROÍSMO, EVIDENTEMENTE, LHE FOI VANTAJOSO.
E O INTRÉPIDO DR. WATSON?
O BOM DOUTOR VAI BEM E MANDA SEUS CUMPRIMENTOS.
FOI UMA BAITA DE UMA SORTE ELE ESTAR NO TELHADO...
PENA QUE O OUTRO SUJEITO CONSEGUIU FUGIR.
ESQUECI DE MENCIONAR. WATSON ME DISSE QUE O ATIRADOR, ENQUANTO CAÍA, GRITAVA... EM ALEMÃO!

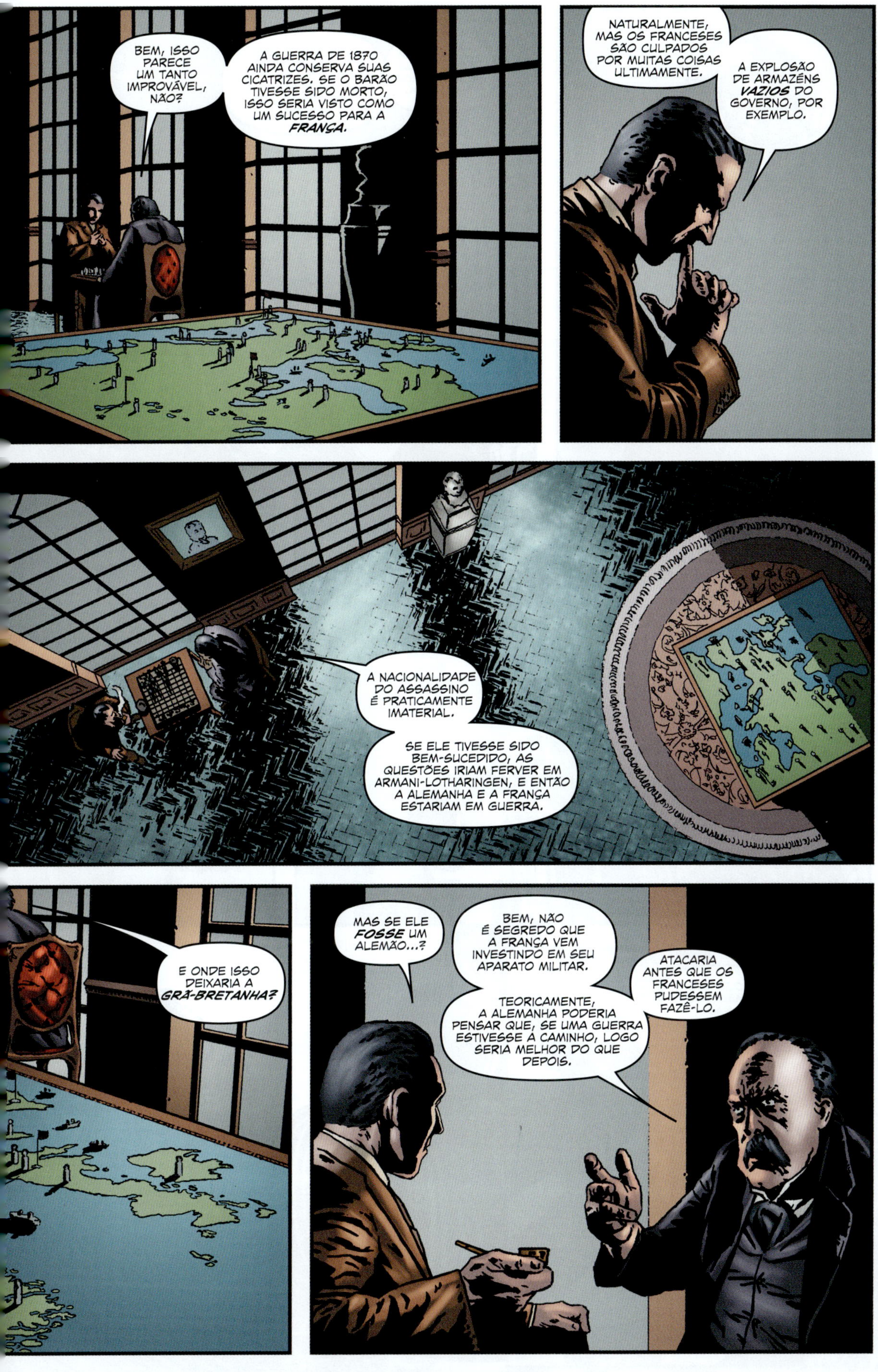
BEM, ISSO PARECE UM TANTO IMPROVÁVEL, NÃO?
A GUERRA DE 1870 AINDA CONSERVA SUAS CICATRIZES. SE O BARÃO TIVESSE SIDO MORTO, ISSO SERIA VISTO COMO UM SUCESSO PARA A *FRANÇA*.
NATURALMENTE, MAS OS FRANCESES SÃO CULPADOS POR MUITAS COISAS ULTIMAMENTE.
A EXPLOSÃO DE ARMAZÉNS *VAZIOS* DO GOVERNO, POR EXEMPLO.
A NACIONALIDADE DO ASSASSINO É PRATICAMENTE IMATERIAL.
SE ELE TIVESSE SIDO BEM-SUCEDIDO, AS QUESTÕES IRIAM FERVER EM ARMANI-LOTHARINGEN, E ENTÃO A ALEMANHA E A FRANÇA ESTARIAM EM GUERRA.
E ONDE ISSO DEIXARIA A *GRÃ-BRETANHA?*
MAS SE ELE *FOSSE* UM ALEMÃO...?
BEM, NÃO É SEGREDO QUE A FRANÇA VEM INVESTINDO EM SEU APARATO MILITAR.
TEORICAMENTE, A ALEMANHA PODERIA PENSAR QUE, SE UMA GUERRA ESTIVESSE A CAMINHO, LOGO SERIA MELHOR DO QUE DEPOIS.
ATACARIA ANTES QUE OS FRANCESES PUDESSEM FAZÊ-LO.

SE EU NÃO TIVESSE OS MEUS *INCONVENIENTES*, PODERIA TER AJUDADO O BARÃO.
MAS VOCÊ NÃO QUERIA ISSO, QUERIA?
CADA HOMEM É FIEL À SUA PRÓPRIA ÉTICA, SHERLOCK.
VOCÊ NÃO IRIA PARAR ATÉ TER EXPOSTO A RAIZ DE UM PROBLEMA E A DIPLOMACIA SER BANIDA.
VOCÊ SABIA DOS ASSASSINOS DESDE O COMEÇO, E ACHAVA QUE NÃO DEVERIA ARRISCAR QUE EU REVELASSE SUA ORIGEM.
A LEALDADE BRITÂNICA DEVE PERMANECER NÃO COMPROVADA, É ISSO?
ACHO QUE CHEGAMOS A UM EMPATE.
OUTRO JOGO?
HOJE NÃO, IRMÃO. HOJE NÃO.
FIM

O JULGAMENTO DE SHERLOCK HOLMES

GALERIA DE CAPAS • ARTE DE JOHN CASSADAY

DIRETORIA: JORGE CARNEIRO E ROGÉRIO VENTURA
COORDENAÇÃO EDITORIAL: ELIANA RINALDI
DIREÇÃO DE ARTE: TÉLIO NAVEGA
MARKETING: EVERSON CHAVES
COMERCIAL: THIAGO NAVEGANTES

TRADUÇÃO: HEITOR PITOMBO
REVISÃO: DALVA CORRÊA, MARIA FLAVIA DOS REIS E MARTA CATALDO
LETREIRAMENTO: STUDIO DELREY
CAPA: JEFFERSON GOMES

EDITORA NOVA FRONTEIRA PARTICIPAÇÕES S/A
RUA CANDELÁRIA, 60 - 7º ANDAR - CENTRO,

NICK BARRUCCI, PRESIDENTE EXECUTIVO / EDITOR
JUAN COLLADO, PRESIDENTE / DIRETOR DE OPERAÇÕES
BRANDON DANTE PRIMAVERA, VICE-PRESIDENTE DE TECNOLOGIA E OPERAÇÕES
RICH YOUNG, DIRETOR DE DESENVOLVIMENTO DE NEGÓCIOS

JOE RYBANDT, EDITOR EXECUTIVO
MATT IDELSON, EDITOR SÊNIOR
ANTHONY MARQUES, EDITOR ASSOCIADO
KEVIN KETNER, EDITOR ASSOCIADO

GEOFF HARKINS, DIRETOR DE CRIAÇÃO
CATHLEEN HEARD, DESIGNER GRÁFICO SÊNIOR
ALEXIS PERSSON, DESIGNER GRÁFICO
CHRIS CANIANO, PRODUTOR DIGITAL
RACHEL KILBURY, PRODUTOR DE MÍDIA DIGITAL

ALAN PAYNE, VICE-PRESIDENTE DE MARKETING E VENDAS
PAT O'CONNELL, GERENTE DE VENDAS
AMY JACKSON, ASSISTENTE ADMINISTRATIVO

CONTÉM MATERIAL ORIGINALMENTE PUBLICADO EM SHERLOCK HOLMES #1-5 (THE TRIAL OF SHERLOCK HOLMES). PUBLICADO ORIGINALMENTE POR DYNAMITE ENTERTAINMENT, 113 GAITHER DR., STE 205, MT. LAUREL, NJ 08054.

OUTRAS HISTÓRIAS DE

SHERLOCK HOLMES

"Sherlock está muito bem e vivo dentro deste livro!"

– J. Michael Straczynski,
criador de *Babylon 5*, roteirista de *Thor*,
Guerra Mundial Z e *A Troca*, de Clint Eastwood

PIXEL

OUTRAS HISTÓRIAS DE SHERLOCK HOLMES

ANO UM

Roteiro **Scott Beatty**
Ilustrações **Daniel Indro**
Cores **Tony Aviña**

Agradecimentos especiais a **Leslie Klinger**,
editora da Biblioteca de Referência de Sherlock Holmes

"Ele tem poucos amigos. E um número menor de pessoas próximas. Um irmão no governo. Nenhum outro familiar conhecido."

"E, tirando partido da vantagem de um observador imparcial, posso dizer que ele é um enigma tão inescrutável quanto os indícios que decifra tão prontamente."

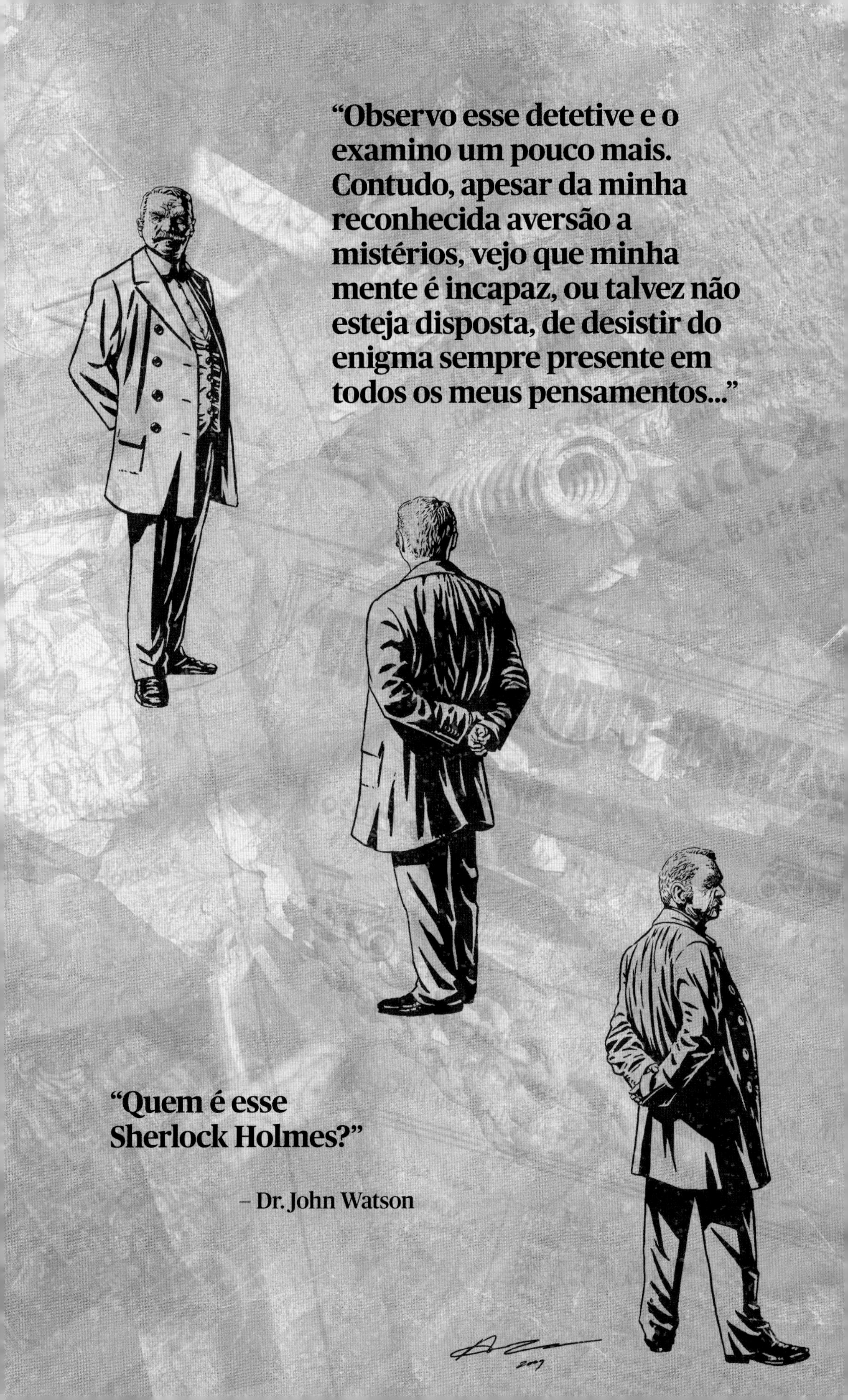
"Observo esse detetive e o examino um pouco mais. Contudo, apesar da minha reconhecida aversão a mistérios, vejo que minha mente é incapaz, ou talvez não esteja disposta, de desistir do enigma sempre presente em todos os meus pensamentos..."
"Quem é esse Sherlock Holmes?"
– Dr. John Watson

ANO UM

PARTE 1: FORAM OS MORDOMOS

ARTE: DANIEL INDRO

Eu odeio mistérios.

Eu não preciso de uma segunda opinião em meu diagnóstico para afirmar que este rapaz está imerso em dificuldades.
QUE PANCADA VOCÊ LEVOU, RAPAZ!
SORTE SUA QUE A POLÍCIA TEM UM MÉDICO...
Meu nome é John Hamish Watson, médico por profissão, atualmente à disposição dos guardiões de Londres...
WATSON!
UM MOMENTO DO SEU TEMPO?
Assim como àqueles que os guardiões protegem, sejam ricos ou pobres.
VOCÊ É MÉDICO...
VOCÊ PODE DAR ALGO PARA ALIVIAR O DESCONFORTO DE LADY SOMERSET?
PERDOE-ME, LORDE SOMERSET...
Sem cavalos ou carruagens para levá-los em casa, os príncipes e princesas mimados de Londres terão simplesmente que andar a pé...
MAS TODOS OS SEUS MALES PARECEM SER FRUTO DE REMÉDIOS DEMAIS.
Essa é a opinião de um especialista que não requer conjecturas.
ISSO DÓI?
MUITÍSSIMO.
TALVEZ DOESSE MAIS SE OS MEUS MOLARES ESTIVESSEM QUEBRADOS. SE VOCÊ APERTÁ-LOS VERÁ QUE NÃO ESTÃO.

DILATAÇÃO DAS PUPILAS...
BEBEU DA MESMA GARRAFA QUE ESSES INFELIZES?
TÁ ESCRITO NOS MEUS OLHOS VERMELHOS, NÉ?
EU ESPERAVA UMA TRIAGEM NO RAPAZ, DOUTOR WATSON...
NÃO PRECISA AVALIAR SEU MALDITO HISTÓRICO MÉDICO.
AI!
AH, DESCULPE. LEVOU TIRO NA ÚLTIMA CAMPANHA AFEGÃ, NÃO É?
UM NO OMBRO E OUTRO ATRAVESSANDO A COXA.
"BATALHA DE MAIWAND, INSPETOR FELLOWES.
NÃO FOI O MELHOR MOMENTO DA ARTILHARIA DA CAVALARIA REAL..."

"OS DESGRAÇADOS FIZERAM COM QUE RECUÁSSEMOS TOTALMENTE..."
"QUE MELHOR VANTAGEM PARA UM TIRO NAS COSTAS?"
"UMA BALA DE RIFLE AINDA PIOROU O QUE JÁ ESTAVA RUIM, RASGANDO MINHA ARTÉRIA SUBCLAVICULAR DEPOIS DE ESTILHAÇAR A OMOPLATA."
"COMECEI A SERVIR COMO CIRURGIÃO ASSISTENTE DO DEPARTAMENTO MÉDICO DO EXÉRCITO, NA 66ª UNIDADE NA SEGUNDA GUERRA AFEGÃ..."
"MAS TERMINEI MINHA CARREIRA MILITAR COMO UM SIMPLES SOLDADO FAZENDO O MÁXIMO PARA CONTINUAR VIVO."

POR CONTA DISSO, SOU MAIS UM *CLÍNICO GERAL* QUE UM MÉDICO MILITAR.
COM ESSE DOM PARA LEMBRAR-SE DE DETALHES E NARRAR FATOS, EU O DESCREVERIA COMO *ASPIRANTE A AUTOR*.
AGORA, SE NÃO SE IMPORTA COM A INTROMISSÃO.
EU ESTAVA FALANDO PARA O INSPETOR SOBRE UM CERTO TIPO DE...
CRIMINOSO.
EU ME PAREÇO COM UM VILÃO EM UM *FOLHETIM*.
QUEIXO PRA CIMA...
É UMA *FESTA À FANTASIA*, NO FIM DAS CONTAS...
OS EMPREGADOS ESTÃO VESTIDOS RESPEITAVELMENTE DE *PRETO*.

NINGUÉM PODE BRILHAR MAIS QUE OS DUQUES E AS DUQUESAS COM SUAS PLUMAS E BABADOS.
VOCÊ PRECISA DE UM TROCO A MAIS TANTO QUANTO EU.
SERÁ QUE VOCÊ TEM COMO BANCAR OS ESTUDOS E METADE DO APARTAMENTO SÓ COM A MESADA QUE SEU IRMÃO DEPOSITA TODO MÊS?
TOME ISSO, RAPAZ.
E NÃO *PERCA TEMPO*.
OS MESTRES E SUAS CONCUBINAS ESTÃO COM *MUITO* APETITE ESTA NOITE...
UM EUFEMISMO, CERTAMENTE.
JEEVES...
EXE É O XEU NOME, XERTO?
QUERO RECLAMAR DO XERVIXO...
A XOPA...
TÁ MUITO XALGADA...

[1] Expressão em latim que significa "No vinho está a verdade".

ENQUANTO O CALDO ENGROSSA, O MESMO SE DÁ COM ESSA TRAMA...
COMINHO.
AIPO.
BATATA QUE JÁ PASSOU DO PONTO.
E SAL, CLARO...
NADA ACRESCENTAM AO TEMPERO, MAS *ESCONDEM* UM SABOR MAIS AMARGO.
FALEI PRA SENHORA DIGBY QUE ERA UM *ERRO* CONTRATAR GENTE DE FORA PARECIDA COM ESSE PESSOAL ESNOBE...
MAS TÍNHAMOS QUE MANTER AS *APARÊNCIAS* PARA OS MESTRES, NÃO É MESMO?

CADÊ O SEU AMIGO?
SE ELE MANTEVE UM PASSO CONSTANTE – SEM DÚVIDA ALIMENTADO POR UMA ONDA DE MEDO SAUDÁVEL – ENTÃO ESTÁ PROVAVELMENTE A MEIO CAMINHO DOS GUARDAS.
E SÓ POSSO SUPOR QUE ELES SE LEMBRARÃO DE CARREGAR SUAS PISTOLAS.
QUE PISTOLA É ESSA QUE VOCÊ ESTÁ FALANDO?
ESTA É A PRÓPRIA PISTOLA DE DUELO DOS SENHORES, DIRETO DO...
UGH!
LAUDANUM

ELA COME COMO UMA PORQUINHA...
MAS NÃO PODEMOS DEIXAR A DUQUESA AFOGADA EM SUA SOPA.
QUE IMPRÓPRIO!
E ASSASSINATO NÃO ESTÁ NO MENU. SE COMEÇARMOS A SEGUIR ESSA RECEITA...
PARECE BRIGA!
A COZINHA!
FOMOS DESCOBERTOS!
BARTITSU, MEU CARO. UMA ARTE MARCIAL.
EMBORA EU SEJA MUITO MAIS ADEPTO DA SUA PRÁTICA COM UMA BENGALA DO QUE COM UMA COLHER.
PEGUEM-NO!
TIREM A SUA MÁSCARA!
SIM, POR FAVOR...
PARA QUE EU NÃO SEJA CONFUNDIDO COM O SEU BANDO ESTÚPIDO!
CHEGA!
NÃO TEMOS UMA AGENDA PARA CUMPRIR, CRIADAS E CRIADOS?
SIM, SENHORA DIGBY.

MAS NÃO VOU DEIXAR QUE VOCÊS FIQUEM TAGARELANDO ENQUANTO DEIXAM A COZINHA DA MINHA PATROA EM TAL ESTADO...
MESMO QUE EU TENHA A INTENÇÃO DE ROUBÁ-LA E DEIXÁ-LA DESATAR SOZINHA O SEU MALDITO ESPARTILHO DE BARBATANA DE BALEIA.
TODOS NÓS TEMOS AS NOSSAS RECLAMAÇÕES, MEU JOVEM...
EU LOUVO A SUA AMBIÇÃO.
É UMA CAUSA A ALMEJAR ACIMA DO QUE LHE É APROPRIADO.
MAS, PARA TER A CUMPLICIDADE DOS EMPREGADOS DE CADA CASA REPRESENTADA AQUI, É NECESSÁRIO CONFIANÇA.
QUE MELHOR CURA PARA O QUE NOS AFLIGE DO QUE UM POUCO DE LÁUDANO?
UM GOLE PODE, CERTAMENTE, ACALMAR MEUS NERVOS...
E VEJA O QUE ELE FEZ COM ESSA GENTE EMPLUMADA NA SALA DE JANTAR QUANDO ADICIONADO À SOPA DELES...

MELHOR NÃO LUTAR...
NO FIM, VOCÊ NÃO VAI SENTIR NADA...
MAS EU SINTO *TUDO*...
QUE COMECE O SAQUE!

EMBORA CONCORDÁSSEMOS QUE NINGUÉM MORRERIA...
ESTE AQUI SABE DEMAIS...
DE FATO, BASTANTE...
MAIS DO QUE VOCÊ JAMAIS SABERÁ...
ELE SERVIRÁ MELHOR COMO ***BODE EXPIATÓRIO*** DO QUE COMO ***CRIADO...***
O QUE TEMOS AQUI?
VOCÊ ESTÁ NOS ESCONDENDO ALGO, RAPAZ?
JÁ ANDOU METENDO A MÃO NA PRATA DA CASA?
ERA MINHA...
ATÉ QUE A PERDI...
QUE PENA.
ISSO DEVE TER ***DOÍDO.***

JOGUE-O POR SOBRE O PARAPEITO E VAMOS ACABAR LOGO COM ISSO...
NÃO PODEMOS DEIXAR QUE A SENHORA DIGBY E OS OUTROS FIQUEM COM TODAS AS JOIAS, CERTO?
VOCÊ O OUVIU, GAROTO...
NÃO HÁ HONRA ENTRE LADRÕES.
COM LICENÇA...
ESTOU PASSANDO MAL...
O QUÊ?
HURK
EU O AVISEI...
NÃO TENHO ESTÔMAGO PARA TANTA PODRIDÃO!

O que explica o estado atual do jovem, molhado da cabeça aos pés da podridão e da escuridão do fosso insalubre da masmorra do castelo...
Sua mente vagando por conta de uma quase overdose de láudano e dos detalhes diabólicos dessa trama sinistra...

A CRIMINALIDADE QUASE SEMPRE LEVA A ATOS DESESPERADOS...
E O DESESPERO À MORTE, NÃO IMPORTA QUE LINHA INVISÍVEL OS CRIMINOSOS JUREM QUE *JAMAIS* CRUZARÃO.
BLIGHTER QUEBROU O PESCOÇO.
ENQUANTO IMPEDIA A *MINHA* QUEDA.
E ele está tão indiferente à morte de seu inimigo quanto à sua própria batalha com a morte...
E O SEU AMIGO PODE CONFIRMAR ESSA HISTÓRIA DOIDA?
É PROVÁVEL QUE NÃO.
IAIN PERDEU AS PARTES MAIS EMOCIONANTES.
E ELE NÃO É MUITO BRILHANTE.
DIZ O DETETIVE AMADOR QUE NÃO PERCEBEU ESSA FAÇANHA ATÉ FICAR COM A FUÇA AFUNDADA NO ESTRUME.
COMO VAMOS PEGAR O BANDO AGORA QUE FUGIU IMPUNEMENTE?
ELEMENTAR, MEU CARO INSPETOR.
VEJA, O CRIME ESTÁ SÓ NO COMEÇO...

"EU LHE DISSE QUE ESSA ASSOCIAÇÃO DE CRIADAS E EMPREGADOS CRIMINOSOS ERA *AMBICIOSA*."
"O OBJETIVO DELES NÃO ERA SIMPLESMENTE ROUBAR OS BENS DE APENAS UM DE SEUS MESTRES..."
"MAS DE *TODOS* ELES."
"E COM OS LORDES E DAMAS DROGADOS NUM ESTUPOR SOPORÍFICO NESSA MASMORRA, O *TEMPO* NÃO SERIA MAIS UM FATOR NA BEM-SUCEDIDA COMISSÃO ILEGAL."

"NÃO É UMA AMARGA IRONIA O FATO DE UMA PROFISSÃO QUE SE VANGLORIA DA PONTUALIDADE DE SEU SERVIÇO SE PERDER AO IGNORAR O TIQUE-TAQUE INEXORÁVEL DE UM RELÓGIO?"
"OS RICOS NÃO SE PREOCUPAM COM O TEMPO."
"OS *NOVOS RICOS* SE IMPORTAM AINDA MENOS COM ELE."
PRECISO MENCIONAR TAMBÉM QUE DEVEMOS FICAR ATENTOS AOS HORÁRIOS DAS MARÉS, QUANDO NOS LANÇAMOS RUMO A NOVAS TERRAS?
ISSO NÃO PASSA DE MAU PLANEJAMENTO.
DEVE-SE SUBIR A ESCADA SOCIAL UM DEGRAU DE CADA VEZ.
REÚNA-OS!

E no fim, a vida imitou a arte. Aquela fantasia de folhetim se provou verdadeira pelo rapaz que caiu no fosso...
Foram os mordomos.
ESSA NÃO FOI A *PRIMEIRA* VEZ QUE ELE AJUDOU A POLÍCIA, CERTO?
NÃO. E SERÁ A *ÚLTIMA*, SE DEPENDER DE MIM.
O IDIOTA VAI ACABAR SENDO MORTO.
JUNTO COM ALGUÉM TOLO O SUFICIENTE PARA SEGUI-LO.
ESSA É A BUGIGANGA EM QUESTÃO?
A PRÓPRIA.
VOCÊ PODE CONFIRMAR O CONTEÚDO?
UMA MULHER DE BELEZA INCOMUM.
OLHAR NOS SEUS OLHOS É PERDER TODA A RAZÃO.
DÁ PARA SE AFOGAR...
TUDO BEM...
GUARDE ESSAS BOBAGENS PARA AS DAMAS QUE AS APRECIAM, SHAKESPEARE...
E quem pode afirmar que o bardo não foi inspirado pelos mistérios do coração humano?

Nesta vida, os mistérios fluem...
APENAS RESPONDA À PERGUNTA, COMO SE A SUA VIDA DEPENDESSE DISSO.
O MAL É *NATURAL*...
OU É *ESTIMULADO?*
NÃO ACREDITO NO *PECADO ORIGINAL.*
O MAL É UM COMPORTAMENTO *APRENDIDO.*
CRIMES PASSIONAIS?
CRIMES DE OPORTUNIDADE?
HÁ *LUCRO* EM AMBOS.
E A PERCEPÇÃO DE GANHO OU DESEJO POR ISSO BROTA DE UMA MENTE INTELIGENTE, NÃO DE UMA PREDESTINADA À MALEFICÊNCIA.
E VOCÊ ARRISCARIA A *VIDA* NESSA DEDUÇÃO?
A LÓGICA É *PERFEITA*, PROFESSOR...

DING DING DING DING
PODEMOS CONTINUAR ESTE DUELO NA PRÓXIMA SESSÃO?
POR QUE NÃO?
VOCÊ É O PRIMEIRO OPONENTE DIGNO QUE TENHO EM *ANOS...*
MESMO SE OPTAR POR SER *OUVINTE* NO SEMINÁRIO SOBRE ÉTICA EM VEZ DE COMPARECER COMO UM ALUNO.
Ele tem poucos amigos...
E um número ainda menor de pessoas próximas. Um irmão no governo. Nenhum outro familiar conhecido...
E, tirando partido da vantagem de um observador imparcial, posso dizer que ele é um enigma tão inescrutável quanto indícios que decifra tão prontamente.
Jovers
Eu observo esse detetive, e o examino um pouco mais...

Contudo, apesar da minha reconhecida aversão a mistérios, vejo que a minha mente é incapaz, ou talvez não esteja disposta, de esquecer o enigma sempre presente em todos os meus pensamentos...
Quem é esse Sherlock Holmes?

ANO UM

PARTE 2: POR QUE ISSO É VIOLÊNCIA

ARTE: DANIEL INDRO

A morte está em toda parte.

Ultimamente é o meu pão com manteiga...
MUITO BEM, WATSON...
MANDA VER.
Se o destino tivesse tomado um rumo diferente, minha carreira como médico teria me posto trabalhando para estender a vida de meus protegidos...
Mas o ferimento no meu ombro, durante o serviço militar, tornaria minha carreira como cirurgião bastante suspeita...
Desse modo, cada um de meus pacientes atuais está bem e...
MORTO.
E VOCÊS SE CHAMAM DETETIVES...
FAÇA VALER O SEU SUSTENTO, DOUTOR.
O QUE O MATOU?
PERDA DE SANGUE.
UMA HEMORRAGIA CATASTRÓFICA ACELERADA POR INÚMERAS PERFURAÇÕES.
VINTE E TRÊS, EU DIRIA.

SUPONDO, É CLARO, QUE O INFELIZ NÃO FOI ESFAQUEADO PELAS COSTAS POR SEGURANÇA...
VOCÊ TEM ALGUMA PISTA DA IDENTIDADE DO SUJEITO?
TRATA-SE DO MALDITO BRYAN RAFFERTY, INIMIGO DA COROA.
TALVEZ VOCÊ TENHA OUVIDO FALAR DO FEUDO CRIMINOSO QUE ELE CRIOU NO SUBMUNDO DE LONDRES...
INSPETOR BRATTON!
O QUE É ISSO AÍ?
ESSA PROSTITUTA É A SUA PRINCIPAL SUSPEITA, OFICIAL LESTRADE?
VÁ EM FRENTE, SIOBHAN...
CONTE PARA O INSPETOR O QUE ME DISSE.
OI, GENTE.
ROBBIE.
FAZ TEMPO, HEIN?
POUPE-NOS DOS GRACEJOS, SIOBHAN.
O TEMPO DO INSPETOR É IMPORTANTE.
MOSTRE-LHE O PEDAÇO DE PAPEL...
ELE... ME PEDIU PARA LHES DAR ISSO.
OS PRIMEIROS GUARDAS A ENCONTRAREM O CORPO DELE.
D-DISSE QUE ME FATIARIA COMO O BRYAN SE EU NÃO...

DÊ-ME ISSO ENTÃO!
SERÁ QUE SOU O ÚNICO CAVALHEIRO ENTRE VOCÊS?
OU VOCÊS GUARDAS PREFEREM QUE A SUA TESTEMUNHA-CHAVE MORRA NESSE FRIO TERRÍVEL?
DESCULPE, DOUTOR WATSON...
O BORDEL FICA LOGO ALI...
QUE LENGA-LENGA!
VOCÊ O MATOU, NÃO FOI?
O MALDITO BRYAN É TÃO FAMOSO PELO SEU APETITE QUANTO POR SEUS CRIMES E CALÚNIAS!
O BASTARDO ESTAVA BÊBADO? ELE TE MACHUCOU MUITAS VEZES?
NÃO, NADA DISSO!
BRYAN SEMPRE FOI UM DOCE COMIGO!

ENTÃO QUEM FEZ ISSO, GAROTA?
UM RIVAL PELAS SUAS CARÍCIAS?
OU FOI UM DOS MALDITOS CONCORRENTES DE BRYAN?
VOCÊ FOI PAGA PARA ESTRIPAR O SUJEITO DEPOIS DE PRESTAR OUTROS "SERVIÇOS"?
FALA!
WHAP
Ista quidem vis est!
ORA, ISSO É VIOLÊNCIA!
MALDIÇÃO, VOCÊ ESTÁ CERTO!
QUANDO A NOTÍCIA DO ASSASSINATO DE BRYAN RAFFERTY SE ESPALHAR PELO BAIXO MERETRÍCIO, NÃO SERÁ SÓ SEU SANGUE A SER DERRAMADO!
PRECISO DE UM EXAME MINUCIOSO, NÃO DE COMENTÁRIOS ÓBVIOS!
SÓ ESTAVA TRADUZINDO A FRASE EM LATIM NO PEDAÇO DE PAPEL, INSPETOR...
EU SÓ POSSO OFERECER CONJECTURAS NO QUE DIZ RESPEITO À CAUSA DA MORTE DE RAFFERTY.
SE VOCÊ QUISER DEDUÇÕES EM CIMA DOS MOTIVOS, ENTÃO TALVEZ DEVÊSSEMOS ALERTAR OS OUTROS CONSULTORES DA POLÍCIA.

HOLMES!
SAIU, POSSO APOSTAR...
ELE ENTRA E SAI O TEMPO TODO.
VAI ACABAR COMO AQUELE OUTRO RAPAZ.
MELHOR LIGAR DE NOVO, DOUTOR...
OBRIGADO, SENHORA...
Mas nos meses que se sucederam ao nosso último encontro, eu via minha mente voltando constantemente para esse mistério dos mais torturantes...
O próprio Sherlock Holmes.
Bem quando eu, confiante, desvendava uma camada...

Encontrei outra camada tão indecifrável quanto a primeira.
E outra.
E outra.
E outra.
E outra.
SE EU FALHAR EM OUTRO EXAME VOU GANHAR UMA BELA REPRIMENDA DO MEU PAI, COM CERTEZA!
VOCÊ PENSOU NO SERVIÇO MILITAR? JÁ ME DISSERAM QUE ELE FORMA O CARÁTER E A NATUREZA DE UMA PESSOA.
De acordo com a senhoria, Holmes vive sozinho, mas nem sempre...

O espaço que um amigo inquilino ocuparia não está coberto de poeira, e sim de uma curiosa pátina de pólvora fina...
Sobre ela, impressões digitais se mantêm expostas, como rastos fossilizados, preservados em relevo dentro de rochas sedimentares antigas e intocadas.
Quanto às trilhas deixadas por Holmes...
Basta dizer que os ecléticos pertences do jovem detetive são tão aleatórios quanto quaisquer teorias que eu possa ter formulado para ter, pelo menos, uma compreensão rudimentar dele.
A bainha de uma espada...
A navalha de Occam. *Lex Parsimoniae.* Mais latim...
UM MUNDO DE MARAVILHAS REVELOU O MICROSCOPIO
A Lei da Parcimônia...

A explicação mais simples é, invariavelmente, a correta.
QUEM PODE SER VOCÊ, VELHO AMIGO?
ZENÃO, É CLARO...
MEU DEUS!
PAI DO ESTOICISMO!
VOCÊ ME ASSUSTOU, SENHORITA...
PIPPA. NA VERDADE, PHILLIPA.
MAS HÁ OUTRA GAROTA COM O MESMO NOME NO MEU DORMITÓRIO, POR ISSO ME CHAMAM PELO APELIDO BOBO QUE MEU PAI ME DEU PARA EVITAR CONFUSÃO.
IMAGINO QUE VOCÊ SEJA O EVASIVO MYCROFT...
COMO ASSIM?
MYCROFT HOLMES.
SHERLOCK FALA MUITO BEM DE VOCÊ.
SOU UM POUCO MENOS ADMIRADORA DO MEU PRÓPRIO IRMÃO MAIS VELHO.

AH, DIABOS!
SRTA....
PIPPA?
SEMPRE DIGO PARA SHERLOCK QUE ELE TEM QUE MANTER A MESA BEM-ARRUMADA.
OU TER UM GUARDA-ROUPA.
ELE NÃO SABE QUE VOCÊ ESTÁ AQUI, SABE?
BEM, EU ESTAVA ESPERANDO... HÃ... SURPREENDER MEU IRMÃO MAIS NOVO.
SUPONHO QUE ELE ESTEJA EM ALGUMA SALA DE AULA A ESSA HORA!
AH, NÃO NAS TERÇAS...
VOCÊ CONHECE O SEU IRMÃO...
NAS TERÇAS, ELE SE DEDICA A UM DOS SEUS HOBBIES TOLOS.

HAJIME!
KRANG
ISSO É O SEU MELHOR?

AHN...
HAI!
VOCÊ SE ESQUECE DO EQUILÍBRIO, SENHOR HOLMES.
O QUÊ?
DEVE MANTER O EQUILÍBRIO, MESMO QUANDO ATACA.
QUANDO SE DESEQUILIBRA...

VOCÊ CAI!
EU SABIA DISSO...
AGORA LEMBRE-SE.
A PRÓXIMA LIÇÃO VAI DOER MAIS.
PARE AÍ!
PODE ACREDITAR, SOU CAMPEÃO DE TIRO.

ESTOU CIENTE DE QUE ESTAMOS BEM ABAIXO DO *NÍVEL DO MAR.*
UM TIRO QUE ATRAVESSASSE O CASCO SERIA TÃO DANOSO QUANTO UM QUE ATINGISSE O SEU *CRÂNIO.*
AH, WATSON...
COMPORTE-SE.
OBRIGADO, KADO...
E *OBRIGADO,* MESTRE SAITO...
VOU ME EMPENHAR PARA APRENDER COM OS MEUS *ERROS.*
AH, E CLARO...
ESTÁ TUDO AÍ.

HORA DE CAIRMOS FORA, DOUTOR WATSON.
ESPERAVA ENCONTRÁ-LO NUMA CASA DE ÓPIO ILEGAL, HOLMES...
PARECE QUE MINHAS SUSPEITAS SE APROXIMAVAM DA VERDADE.
O TRÁFICO AQUI NÃO É DE ÓPIO...
Não, algo bem mais doce e não menos viciante para alguns...
Balas, a moeda perfeita para alguém cuja vida se parece cada vez mais com a trama de um folhetim barato...
COMO VOCÊ ME ENCONTROU?
UM PASSARINHO ME CONTOU UM SEGREDO.
PIPPA? OU MARTHA? COM CERTEZA NÃO FOI ELIZABETH...
HOLMES, NÃO ESTOU INTERESSADO NOS SEUS FLERTES.
JÁ TIVE MUITA DIFICULDADE PARA CONVENCER O INSPETOR BRATTON DA SUA UTILIDADE. APESAR DO QUE ME CONTARAM SOBRE O QUE FEZ PARA RESOLVER AQUELE CASO BIZARRO...
SIM. BEM... AQUELE CASO FOI...
ALGUÉM FOI MORTO.
WATSON, VOCÊ NÃO LÊ OS JORNAIS?
MATA-SE EM TODA PARTE.

DE ACORDO COM SUA VIRTUDE, DEIXE-NOS USÁ-LO, COM TODO O RESPEITO, NOS RITOS DO ENTERRO...
SEUS OSSOS FICARÃO ESTA NOITE DENTRO DA MINHA TENDA, COMO UM SOLDADO ORDENADO COM HONRAS.
MANDE OS SOLDADOS DESCANSAREM E VAMOS DISPERSAR PARA DIVIDIRMOS AS GLÓRIAS DESTE DIA FELIZ!
BRILHANTE!
DEVEMOS ENCERRAR OS TRABALHOS, CAVALHEIROS?
MORRER É TÃO CANSATIVO...
MAS VOCÊ, RAPAZ...
PAIXÃO VERDADEIRA E DOMÍNIO DO PALCO...
VOCÊ ESTÁ OFUSCANDO JÚLIO CÉSAR DE DIVERSAS MANEIRAS.
E VOCÊ É MUITO GENTIL, REGINALD.
COMO OTAVIANO, SÓ POSSO ESPERAR QUE EU VENHA A SUCEDER O PODEROSO CÉSAR, NÃO SUBSTITUÍ-LO.

NEM UMA CERVEJA?
O PUB NOS ESPERA!
ESTOU UM POUCO CANSADO...
TOMEMOS UMA POR MIM?
SÉRIO...
VÁ SEM MIM, AMIGO.
UM DRINQUE ME DEIXARIA NA SARJ...
GULP!
OTÁVIO. OTAVIANO. CÉSAR AUGUSTO...
SEU HOMÔNIMO VIVEU ATÉ A IDADE AVANÇADA DE 76 ANOS.
UGH!
PARA UM RETRATO VERDADEIRAMENTE FIEL, SUA PARTIDA TERÁ QUE SER TÃO TRIVIAL QUANTO A DELE...
EMBORA NÃO MENOS HONRADA ENTRE OS CÉSARES...

BRYAN SANGUE RUIM...
"BRYAN SEM SANGUE" SERIA MAIS APROPRIADO, CONSIDERANDO O SEU ESTADO ATUAL.
SEU BAIXO VENTRE FAZ PARECER QUE O REI DA BARRIGA ESTÁ DISPOSTO TAL QUAL UMA CARPA FATIADA.
PESADA É A CABEÇA QUE USA A COROA, WATSON.
NÃO CREIO QUE OS POLICIAIS TENHAM DESCOBERTO QUE ARMA FEZ TODOS ESSES FERIMENTOS...
HOLMES, VOCÊ DEVIA USAR LUVAS...
OU USAR INSTRUMENTOS PARA TOCAR NO CADÁVER.
A DETERIORAÇÃO CAUSA DOENÇAS.
DOUTOR, TEM UM INSTRUMENTO NO BOLSO DO MEU CASACO DO QUAL PRECISO...
VOCÊ PODERIA?

UMA RÉGUA?
E POR QUE A MEDIDA DE CADA CORTE SERIA TÃO IMPORTANTE?
FOI A QUANTIDADE DE CORTES QUE MATOU O PÚSTULA DO BRYAN, NÃO O TAMANHO DE UM OU DE OUTRO.
MEU CARO WATSON...
CADA FACA FAZ O SEU PRÓPRIO CORTE.
UM CUTELO SERIA COISA DE AÇOUGUEIRO.
JÁ UMA FACA DE DESOSSAR APONTARIA PARA UM PEIXEIRO.
E UM CANIVETE ESTARIA NAS MÃOS DE UM ASSASSINO QUE, SEM DÚVIDA, SE VIROU CONTRA O SEU CHEFE DE GANGUE.
BRATTON QUER QUE CONSIDEREMOS OS *MOTIVOS*, E NÃO OS *MEIOS*...
VOU LHES DAR MOTIVAÇÃO, RAPAZES!
O MALDITO BRYAN TINHA INIMIGOS QUE IAM DAS DOCAS AO PALÁCIO DE BUCKINGHAM.
UM PAÍS NÃO PODE TER DOIS REIS, CERTO?

O QUE VOCÊS ESTÃO FAZENDO?
ESTE HOMEM É O CENTRO DE UMA INVESTIGAÇÃO CRIMINAL!
E O QUE VOCÊS, RAPAZES BRILHANTES, *FARÃO* QUANTO A ISSO?
VOCÊ PRESUME QUE EU E O DOUTOR NÃO IREMOS USAR ALGUMA FORMA DE *VIOLÊNCIA* PARA FRUSTRAR OS SEUS ESFORÇOS.
APESAR DAS APARÊNCIAS, EU SOU UM PERITO.
EMBORA AINDA ESTEJA APRENDENDO.
OFICIAL LESTRADE, GRAÇAS A DEUS!
PRENDA ESSES HOMENS!
LAMENTO, DOUTOR...
MAS ELES ESTÃO NO SEU *DIREITO*...
COMO *REPRESENTANTES* DA VIÚVA EM LUTO DO MALDITO BRYAN, ELES VIERAM LEVAR SEU CORPO AO NECROTÉRIO PARA OS PREPARATIVOS FÚNEBRES.
PERDA DE TEMPO!
A FORÇA POLICIAL ESTÁ PERMITINDO QUE UM ELEMENTO CRIMINOSO DE LONDRES SAIA DAQUI COM A PEÇA DE EVIDÊNCIA MAIS *CRUCIAL*...
O CORPO DO FALECIDO!
ESTAMOS A PAR DISSO, DOUTOR WATSON...
MAS HOUVE *OUTRA* MORTE...

E ESSA *TAMBÉM* DEIXOU UM BILHETE.
A JOVEM PROSTITUTA É BEM RODADA...
NÃO VOU ATURAR INSOLÊNCIA DA SUA PARTE, DOUTOR WATSON...
O QUE DIZ, HOLMES?
Eu fiz bem o meu papel? Então aplauda na saída!
HOLMES?

UMA PERFORMANCE BRILHANTE...
CLAP CLAP CLAP
HOLMES, VOCÊ FICOU LOUCO?
UM JOVEM... NÃO MENOS UM ATOR... JAZ MORTO À NOSSA FRENTE E VOCÊ O DESONRA COM GALHOFAS!
CLAP CLAP CLAP CLAP CLAP
CONSIDERE ISSO UM TRIBUTO, WATSON...
UM CÉSAR ESTÁ MORTO...
LONGA VIDA A CÉSAR!

ANO UM

PARTE 3: OS DOZE CÉSARES

ARTE: DANIEL INDRO

Na Roma Antiga, as Escadas Gemônias ganharam a má fama de local de execução...

Lá, os condenados eram sufocados até a morte, com estrangulamento de ligadura para se ter mais precisão, e enforcados sem forcas...
Uma vez mortos, ou meramente à beira da morte; inconscientes por conta da falta de oxigênio, seus corpos eram amarrados...
E lançados escada abaixo como se destinados ao Hades mítico...
Uma queda em desgraça sofrida por magistrados ou indigentes, uma morte sem honra que acontecia independente de posição social na Cidade Eterna...
Um fim não menos infernal...

Os mortos permaneciam dias no pé da escada, alimento para as bestas que comiam cadáveres...
Quando o cheiro de decomposição era muito forte, ou talvez outra vítima estivesse destinada a tombar, o corpo era despachado para o rio Tibre..
Tristissimus hominum
Nada de moedas sobre os olhos para pagar Caronte...
Tristissimus hominum
Pois o rio Tibre corre escuro e profundo com as almas dos criminosos nele submersas...
Tristissimus hominum

Tristissimus hominum
O MAIS TRISTE DOS HOMENS.
VOCÊ O CULPA?
EU ARRISCO DIZER QUE FICARIA TRISTE TAMBÉM DEPOIS DE CAIR DE UMA ESCADA E QUEBRAR O PESCOÇO.
TALVEZ NÃO TENHA SIDO A QUEDA QUE O MATOU, LESTRADE...
OUTRA VÍTIMA, OUTRA NOTA ENIGMÁTICA EM LATIM.
TALVEZ O JOVEM HOLMES POSSA TER UMA IDEIA DO QUE ISSO SIGNIFICA.
ALÉM DO LITERAL, É CLARO.
ONDE ESTÁ O INTRÉPIDO DETETIVE?
Tristissimus hominum
E POR QUE NÃO HÁ MAIS POLICIAIS NA ÁREA, LESTRADE?
QUE DETETIVE VOCÊ É, WATSON...
NÃO NOTOU MEU STATUS ESPECIAL?
OS GUARDAS ESTÃO ESPALHADOS E O INSPETOR BRATTON TEM FEITO COM QUE REALIZEMOS RONDAS EM ROUPAS COMUNS DURANTE HORAS...
E COM TODOS OS OUTROS MANÍACOS ASSASSINOS RECITANDO LATIM...
AMOS! AMAS! AMAT!

AMAMUS! AMATIS! AMANT!
ABOMINO! ABOMINAS! ABOMINAT!
VAMOS, RAPAZES! CAIAM EM CIMA!
ELE É MUITO FORTE!
ABOMINAMUS! ABOMINATIS! ABOMINANT!

EU A AMO!
E EU A ODEIO!
FOI POR ISSO QUE CORTEI SUA GARGANTA MEDONHA!
O QUE É ISSO ENTÃO?!
MAS SALVEI SUAS LINDAS...
FACES, RAPAZES!
ESSA É A MAGIA...
KLOD
DIRIA QUE VOCÊ USOU A PONTA ERRADA, LESTRADE!
TODO HOMEM FAZ JUS AO SEU DIA NA CORTE, INSPETOR BRATTON...
ATÉ MESMO OS PINGUÇOS QUE CONFESSAM SEUS PECADOS PARA UMA CASA CHEIA DE GUARDAS...

ISSO É PROBLEMA. ESSE SUJEITO NEM MESMO É O *PRIMEIRO*...
TAMBÉM MEMORIZEI MINHAS RECUSAS EM LATIM NO COLÉGIO, MAS ISSO NÃO ME DÁ PERMISSÃO PARA ME SENTIR *DESTRUÍDO* E COMETER ASSASSINATOS E MUTILAÇÕES.
O *MEDO* TRAZ À TONA O PIOR EM TODOS NÓS, LESTRADE...
A BEBIDA APENAS *LUBRIFICA* AS ENGRENAGENS DE TODOS OS MOTORES INFERNAIS.
TÁ VENDO? A QUEDA APENAS TERMINOU O TRABALHO...
ESTE HOMEM FOI ESTRANGULADO E SUFOCADO, PELO QUE DÁ PARA VER POR ESSES CORTES PROFUNDOS.
CADA UM DIFERENTE DO OUTRO.
TALVEZ O NOSSO ASSASSINO – OU *ASSASSINOS* – ESTEJA MATANDO DE MANEIRAS DIFERENTES PARA DESPISTAR A POLÍCIA.
CLARO, POIS *ESFAQUEAR* OU *ATIRAR* APENAS CANSA O DIABO...
AH, BEM NA HORA...

A CARRUAGEM DA VÍTIMA ESPERA...
EU ACHAVA QUE UM HOMEM MORTO SÓ PRECISASSE DE DUAS MOEDAS PARA ATRAVESSAR O RIO ESTIGE.
AS TARIFAS DO BARQUEIRO SUBIRAM, WATSON.
VOU TE DIZER QUEM LUCRA COM ASSASSINATOS...
TODOS MENOS NÓS, BONS CAVALHEIROS DEVOTOS DE DEUS.
AGORA VÊ SE NÃO FICA AÍ PARADO...
PENDURE UM GANCHO OU ELE FICARÁ PRESO AO CHÃO RAPIDAMENTE ATÉ O DEGELO DA PRIMAVERA!
PREFERIA PENDURAR UMA CERVEJA...

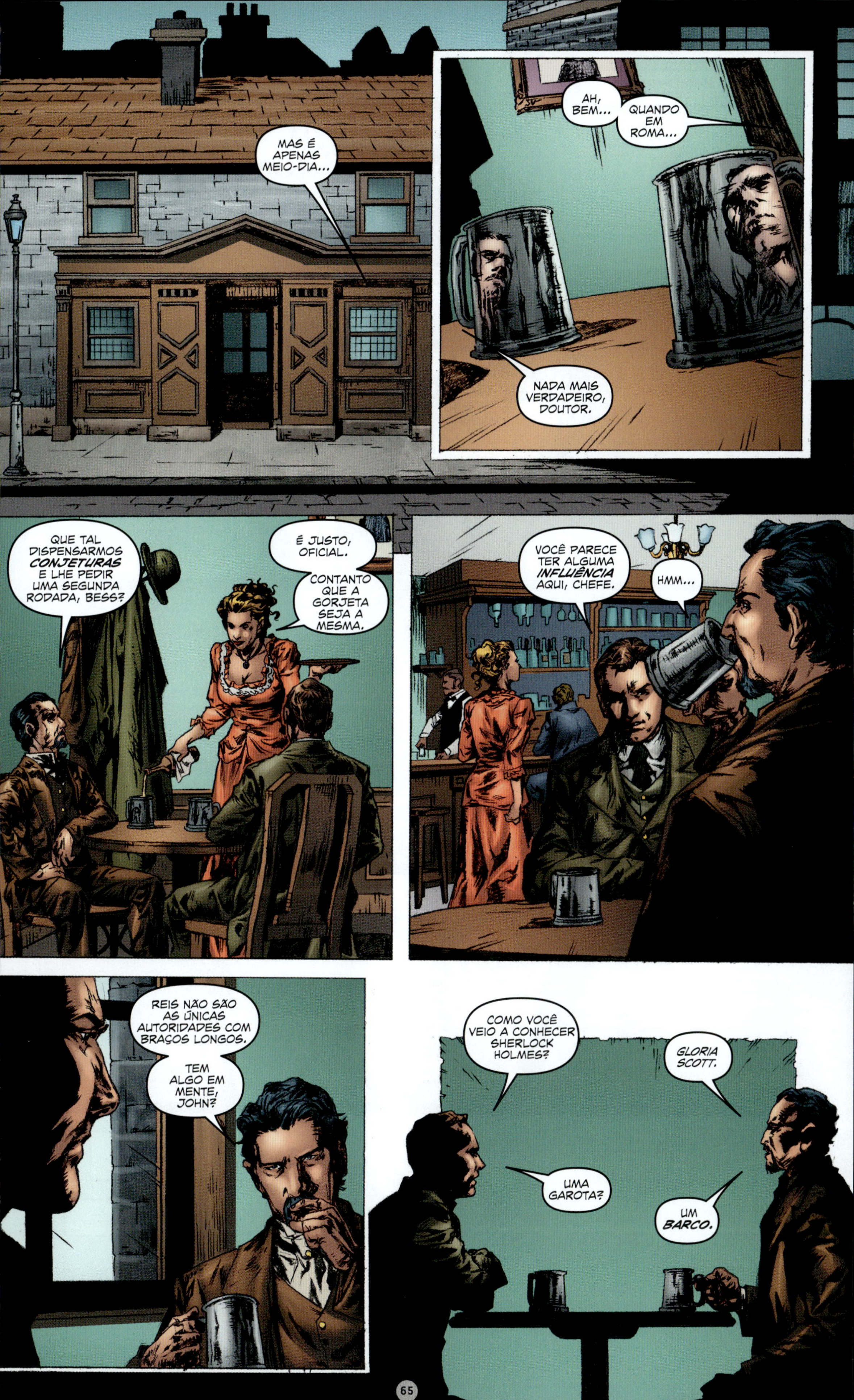
MAS É APENAS MEIO-DIA...
AH, BEM...
QUANDO EM ROMA...
NADA MAIS VERDADEIRO, DOUTOR.
QUE TAL DISPENSARMOS CONJETURAS E LHE PEDIR UMA SEGUNDA RODADA, BESS?
É JUSTO, OFICIAL.
CONTANTO QUE A GORJETA SEJA A MESMA.
VOCÊ PARECE TER ALGUMA INFLUÊNCIA AQUI, CHEFE.
HMM...
REIS NÃO SÃO AS ÚNICAS AUTORIDADES COM BRAÇOS LONGOS.
TEM ALGO EM MENTE, JOHN?
COMO VOCÊ VEIO A CONHECER SHERLOCK HOLMES?
GLORIA SCOTT.
UMA GAROTA?
UM BARCO.

"UM BARCO-PRISÃO, PARA SER EXATO..."
"ANCORADO EM FALMOUTH E SEGUINDO PARA A AUSTRÁLIA."
NUNCA HAVIA OUVIDO FALAR DELE TAMBÉM.
"HÁ VINTE E CINCO ANOS, ELE EXPLODIU E AFUNDOU EM ALGUM LUGAR DEPOIS DO CABO DA BOA ESPERANÇA."
"PÓLVORA NO PORÃO DETONADA POR CAPRICHO..."
OU CALÚNIA?
HOUVE SOBREVIVENTES?
"NENHUM, SEGUNDO OS DADOS OFICIAIS..."
"E EU CHEQUEI."

SERÁ ENTÃO QUE EU DEVERIA DEDUZIR QUE HOLMES PERDEU ALGUÉM NESSE DESASTRE MARÍTIMO?
OBRIGADO, QUERIDA.
NÃO, HOLMES NÃO PERDEU...
HOLMES *ENCONTROU* ALGUÉM.
SEU AMIGO E O PAI DO COLEGA DE QUARTO.
MAS VEJA SÓ. DEPOIS DE TODO ESSE INCIDENTE SÓRDIDO, UM POUCO DE EXTORSÃO E VINGANÇA EM BOA MEDIDA...
ELE *PERDEU* SEU COLEGA...
VICTOR TREVOR.

VIC NÃO APARECE HÁ UM BOM TEMPO.
MAS VOCÊ CONTINUA NOS INTERROGANDO DE QUALQUER JEITO, *NÃO É*, RAPAZ?
ACHA QUE ELE DEVE TER ACHADO ESSA MOÇA MAIS *INEBRIANTE* DO QUE UM NARGUILÉ?
OU ELA É *SUA* GAROTA, MEU CARO?
TALVEZ VOCÊ ME DEIXE PROCURAR MINHA...
CAI FORA, RAPAZ...
VOCÊ PARECE SER BEM *PERSPICAZ*.
NÃO QUER QUE SEU CÉREBRO SEJA *DETONADO* PELO CACHIMBO...
OU ALGUMAS *PANCADAS* NA CABEÇA, CERTO?
SUPONHO QUE TENHA RAZÃO.
O ÓPIO *NUNCA* AMPLIOU A MINHA CONSCIÊNCIA...

NÃO É COMO UMA CARGA DE *ADRENALINA!*
AGH!
UGH!
MERD...!
ELE QUEBROU A PORR...
AI!
VOCÊ VAI PRECISAR DE *TODO* O ÓPIO QUE PUDER FUMAR DEPOIS QUE EU ARREBENTAR A SUA CABEÇA DE VENTO...
UFF!
KRAK

ARGHH!
DÓI UM BOCADO, NÃO?
QUE *FEIXE DE NERVOS* PEQUENO E INCRÍVEL, UM DOS MUITOS QUE ESTÁ POSICIONADO ESTRATEGICAMENTE DENTRO DE NOSSOS CORPOS.
ORA, SE ALGUÉM MAIS OUSADO FOSSE TRAÇAR UM *MAPA* DESSES PONTOS E APRENDER COMO FAZER PRESSÃO DE MODO QUE...
IMAGINO QUE MESMO OS VÍCIOS MAIS ANESTESIANTES FARIAM POUCO PARA ATENUAR A DOR.
AGORA, ESTOU PROCURANDO PELO MEU AMIGO, VICTOR...
LÁ ESTÁ ELE!
BEM NA HORA...
BOA NOITE, GUARDAS.
OU É DE *MANHÃ?*
O AR ESTÁ UM POUCO ABAFADO AQUI.
VENHA, HOLMES.
VOCÊ JÁ CAUSOU BASTANTE CONFUSÃO.
DE FATO...

Acho a vida de Sherlock Holmes mais curiosa a cada dia que passa.
Pelas minhas investigações, ele estuda várias disciplinas, embora não seja especialista em nenhuma delas...
Ele frequenta cursos que abordam seus interesses peculiares e parte quando começa a absorver centelhas de conhecimento que provavelmente já tinha antes.
COM LICENÇA...
ESTAVA PROCURANDO UM ALUNO DESTA CLASSE.
UM JOVEM MESTRE, SHERLOCK HOLMES.
FOI-SE.
COMO O MEU ANTECESSOR.
SERIA MELHOR PARA A CLASSE SE AQUELE AGITADOR DESSE AULAS EM OUTRO LUGAR.
HOLMES?
CLARO QUE É HOLMES!
E O PROFESSOR ANTERIOR?
VOLTOU PARA SUAS PROVAS E TEOREMAS.
NÃO IMPORTA EM QUANTAS DISCIPLINAS ELE TENHA SE GRADUADO...
NÃO HÁ ABSOLUTOS NUMÉRICOS EM FILOSOFIA!

WATSON, PENSE RÁPIDO!
HÃ?
ARRUMEM O QUE FAZER, SEUS DELINQUENTES!
VOLTEM PARA OS SEUS ESTUDOS!
SPLAF
NÃO ME DIGA QUE HOUVE *OUTRO* ASSASSINATO, OFICIAL...
NÃO DESTA VEZ...
PARECE QUE O SEU AMIGO HOLMES RESOLVEU O CASO.
OU PELO MENOS *IRÁ* RESOLVER.
ASSIM QUE O TIRARMOS DA CADEIA!

ENTENDO...
E O TROPEÇO?
FINGIR É O QUE HÁ.
BAIXA A GUARDA...
ELES ACHAM QUE ESTÃO TE AJUDANDO QUANDO É VOCÊ QUE ESTÁ SE AJUDANDO!
HOLMES!
O INSPETOR BRATTON ESTÁ ESPERANDO!
ESTOU INDO, OFICIAL...
OOOPA!
PARE AÍ, HOLMES!
GAROTO TOLO!
QUAL A VANTAGEM DE BATER UMA CARTEIRA SE VOCÊ NÃO FICA COM O QUE ROUBA?
VOCÊ PARECE QUE NÃO DORME HÁ...
ESSE É O MEU RELÓGIO?

UMA VEZ É SORTE.
DUAS VEZES É COINCIDÊNCIA.
TRÊS VEZES ESTABELECEM UM PADRÃO.
QUE TIPO DE PADRÃO?
POUPE-ME DAS CHARADAS E VÁ DIRETO AO PONTO, HOLMES...
OU JURO QUE VOU JOGÁ-LO DE VOLTA NAQUELA CELA E LARGAR A CHAVE EM UM BUEIRO!
LATIM É O PADRÃO, NÃO?
A OBSERVAÇÃO FINAL DO ASSASSINO EM UM PERGAMINHO.
ESTOU FALANDO DE UM PADRÃO DE INTENÇÃO, DOUTOR WATSON.
O LATIM É A LÍNGUA DOS CÉSARES, CUJAS MORTES ESSE BANDIDO ATREVIDO ESTÁ SE ESFORÇANDO PARA REPRESENTAR.
E AGORA QUE SEI COMO AS TRÊS PRIMEIRAS VÍTIMAS MORRERAM...
POSSO PREVER COM CERTA PRECISÃO COMO O PRÓXIMO IRÁ CAIR...

CALIGVLA
"SERÁ UM HOMEM DE MÁ REPUTAÇÃO..."
"MAS UM REI DENTRO DA ARENA QUE ESCOLHEU."
"SEUS DEFEITOS SERÃO MUITOS."
"E SEU FIM VIRÁ PELAS MÃOS DE ALGUÉM QUE ELE PODE NÃO TER MOTIVO PARA NÃO CONFIAR."
"ELE MORRERÁ EM UM TÚNEL. UM CORREDOR SOB AS RUAS, TALVEZ."
"E COMO O ANTIGO JÚLIO CÉSAR, SEU FIM VIRÁ DEPOIS DE TRINTA FACADAS."

CLAVDIVS
"MAS ESFAQUEAR NÃO É O PADRÃO."
"MORTE É O PADRÃO. O FIM, NÃO OS MEIOS."
"A QUINTA MORTE DE UM CÉSAR NÃO FOI UM FIM VIOLENTO."
"COMO O DE SEUS ANTECESSORES, O ASSASSINATO DE CLAUDIUS FOI TRAMADO POR ALGUÉM QUE TIROU VANTAGEM DO SEU AMOR POR BEBIDA E COMIDA."
"ESPECIALMENTE COGUMELOS..."
"QUE ÀS VEZES SÃO VENENOSOS SE NÃO FOREM COLHIDOS COM CUIDADO."
ARSENIC

NERO
"EM SEGUIDA VIRÁ UM VIOLINISTA."
"SEM DÚVIDA, UM MÚSICO DE HABILIDADE INIGUALÁVEL."
"SUA MORTE PARECERÁ QUE FOI SUICÍDIO."
"TALVEZ INDUZIDA POR VERGONHA OU UM MEDO MAIS PALPÁVEL."
"SEGUNDO ALGUNS RELATOS, NERO TEVE AJUDA NA VERSÃO FINAL."
OUÇA, AGORA VEM AOS MEUS OUVIDOS O TROPEL DE CORCÉIS VELOZES...
"E EU APOSTARIA QUE SEU ASSASSINO ENCONTRARIA UMA HORA OPORTUNA PARA INVOCAR A ILÍADA DE HOMERO, COMO NERO FEZ EM SEUS ÚLTIMOS MOMENTOS."

E É ASSIM QUE ACABA?
AH, ACABOU DE *COMEÇAR*, WATSON.
VEJA BEM...
HAVIA *DOZE* CÉSARES AO TODO.

ANO UM

PARTE 4: OS BARCOS ESTÃO SEGUROS NO PORTO

ARTE: DANIEL INDRO

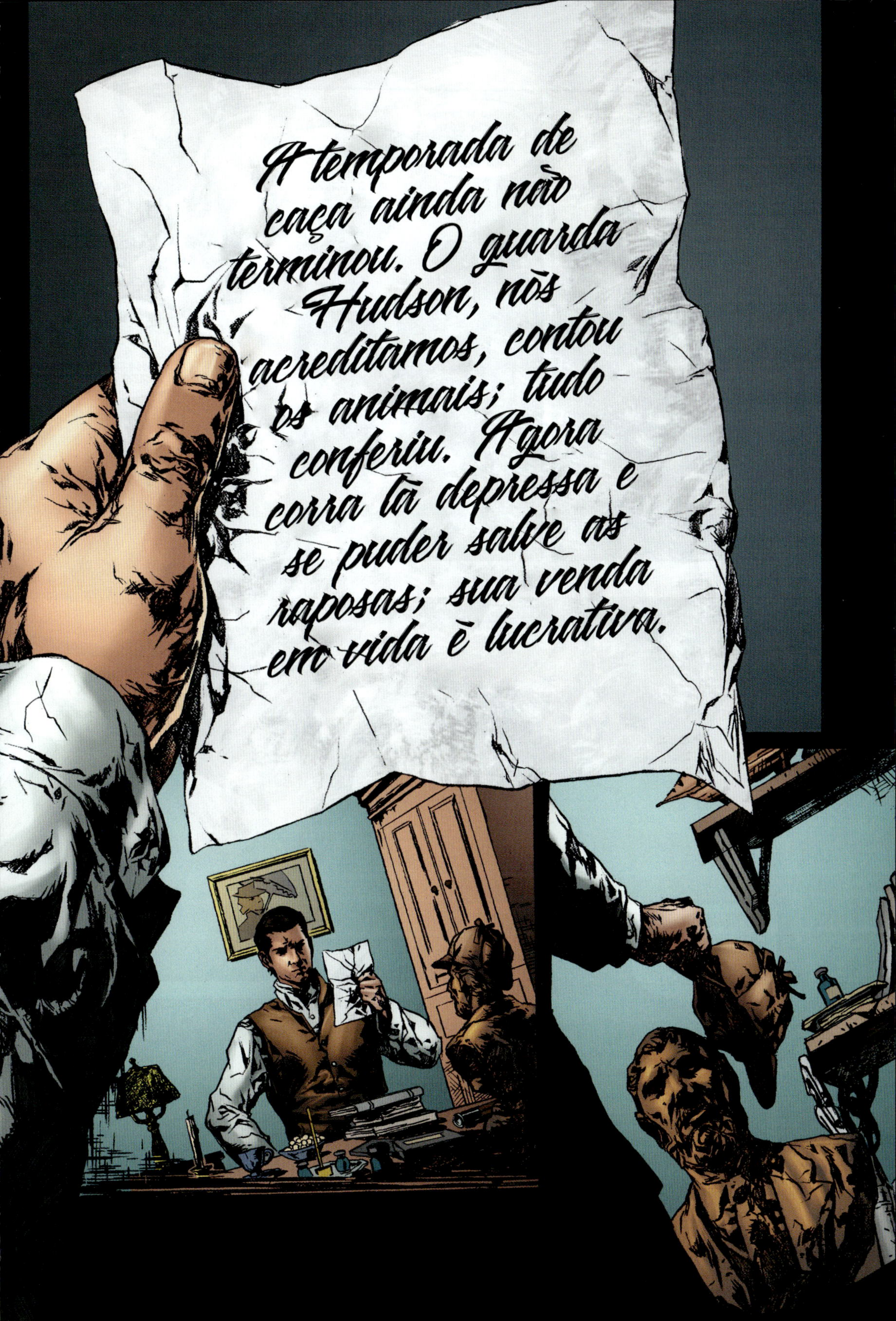
A temporada de
caça ainda não
terminou. O guarda
Hudson, nós
acreditamos, contou
os animais; tudo
conferiu. Agora
corra lá depressa e
se puder salve as
raposas; sua venda
em vida é lucrativa.

VOCÊ DEVIA TRANCAR ISSO.
VOCÊ NÃO OUVIU QUE HÁ BANDIDOS POR AÍ?
MINHA PORTA NUNCA ESTÁ TRANCADA, DOUTOR WATSON.
O CONHECIMENTO É O MEU ÚNICO TESOURO. E O CARREGO COMIGO A TODA HORA.
MUITO BEM.
TALVEZ VOCÊ QUEIRA REPARTIR UMA PEQUENA PORÇÃO DESSE TESOURO COMIGO.
ESPERAVA QUE PUDÉSSEMOS DISCUTIR MAIS A FUNDO AS SUAS TEORIAS SOBRE O MATADOR DOS DOZE CÉSARES.
EU...
TEMO TER QUE SAIR PARA IDENTIFICAR O CORPO AGORA.
MEU BOM DEUS, OUTRO ASSASSINATO TÃO CEDO?
SE APENAS...

HOLMES?
HOLMES?
EXTRA! EXTRA!
ÚLTIMA NOTÍCIA DO DIA, MAS A PRIMEIRA NO EVENING STAR!
LEIA ANTES QUE A TINTA SEQUE!
The EVENING STAR
SEIS "CÉSARES" TOMBARAM, SEIS AGUARDAM O SEU FIM!
QUEM É O PRÓXIMO?
DE ACORDO COM O CENSO, SOMOS 3.816.483 LONDRINOS!
E O SÉTIMO CÉSAR PODE MUITO BEM SER UM DE VOCÊS!

NÃO TENHO MAIS NADA A DIZER SOBRE O ASSUNTO!
AGORA LEVANTEM ACAMPAMENTO DA MINHA DIVISÃO E DEIXEM-NOS PEGAR ESSE DESVAIRADO!
VOCÊS TÊM ALGUMA PISTA DA IDENTIDADE DO ASSASSINO?
O QUE OS FAZ PENSAR QUE O SALAFRÁRIO VAI PARAR EM DOZE?
É VERDADE QUE O JOVEM DETETIVE SHERLOCK HOLMES ESTÁ TOTALMENTE DEDICADO À FORÇA POLICIAL?
O ASSASSINO REALMENTE FAZ RETRATOS DE SUAS VÍTIMAS...
ELE É DA REALEZA, NÃO?
INSPETOR-CHEFE BRATTON!
TEM ALGO QUE VOCÊ PRECISA VER...
CUIDADO AÍ!
UFF!
NÃO NÃO!

MALDIÇÃO!
ONDE ESTÁ O RESTO DELE?!
LESTRADE?!
APENAS SUA CABEÇA, SENHOR.
E SEU TRONCO.
TUDO ISSO É UM CIRCO DOS INFERNOS!
SAIAM DAQUI, TODOS VOCÊS!
E ALGUÉM PEGUE ESSA CABEÇA ANTES QUE ESSES RATOS DA IMPRENSA A USEM PARA JOGAR FUTEBOL!
Ataquem, se for pelo Bem dos Romanos!

SE A SUA TEORIA TIVER FUNDAMENTO, O PRÓXIMO CÉSAR A CAIR SERÁ GALBA...
SÉRVIO SULPÍCIO GALBA, IMPERADOR DE ROMA POR APENAS SETE MESES ATÉ SEU ASSASSINATO.
DECAPITADO.
SUA CABEÇA E SEU TRONCO FORAM ENTERRADOS POR UM CAMAREIRO LEAL AO LONGO DO AURELIAN...
OH, DESCULPE!
OLHA PARA ONDE VAI!
AONDE ESTOU INDO?
VERDADE SEJA DITA, NÃO TENHO A MENOR IDEIA DE ONDE ESTOU NO MOMENTO...
GOOD BEDS

HOLMES, CADÊ *VOCÊ?*
AH...
ESSE É O CORPO QUE VOCÊ MENCIONOU?
BEM, ELE NÃO É MAIS INQUILINO, PELO JEITO...
E É UM DOS LUSTRES MAIS FEIOS QUE JÁ VI.

DINHEIRO É A MENOR DAS PREOCUPAÇÕES DESSE SUJEITO.
Eu já vinha fazendo companhia a Sherlock Holmes há muitas semanas.
ISSO DEVE COBRIR O SEU ALUGUEL ATÉ AGORA E UMA HORA A MAIS NESSE ANTRO FEDIDO.
SOZINHO.
EXCETO PELO MÉDICO E POR MIM.
PASSE A NOITE SE QUISER...
¡DIOTAS!
Minhas teorias abundam quanto às raízes de suas numerosas peculiaridades.
Mas o que aconteceu neste recinto e a cumplicidade de Holmes, se são histórias que pertencem a alguém, são só dele...
E na minha limitadíssima experiência, ele não é de enfeitar as coisas.
SEU NOME É VICTOR TREVOR.
E ELE ERA MEU AMIGO...
BLÉÉH!

INQUILINO PROCURA-SE
VOCÊ É REALMENTE TÃO IMPERTURBÁVEL...
INQUILINO PROCURA-SE
HOLMES, ESPERA!
EU VENHO TENTANDO ME DESCULPAR ADEQUADAMENTE PELO MAU COMPORTAMENTO DO MEU CACHORRO.
COMO ESTÁ SUA PERNA?
UM BULL TERRIER TEM UMA MORDIDA FORTE QUANDO SE CONCENTRA NO TORNOZELO. POSSO TER QUE USAR UMA BENGALA.
VOU BANCAR QUAISQUER DESPESAS MÉDICAS QUE VOCÊ VENHA A TER, É CLARO.
QUER QUE EU DÊ UMA OLHADA? VENHO TENTANDO COLOCAR EM PRÁTICA O QUE APRENDI NO SEMINÁRIO DE ANATOMIA QUE FREQUENTAMOS NO ÚLTIMO TRIMESTRE.
LEMBRO-ME DAS SUAS TEORIAS PECULIARES SOBRE IMPRESSÕES DIGITAIS. "NUNCA HÁ DUAS IGUAIS, PROFESSOR"...
E EU ME LEMBRO DE VÊ-LO DORMINDO EM BOA PARTE DAS PALESTRAS, SENHOR TREVOR.
VICTOR, POR FAVOR.
E AS COISAS PODEM SER PIORES SE NÃO DIVIDIR UM ALOJAMENTO COMIGO.
SÓ SE JURAR QUE AQUELE CÃO DOS DIABOS FICARÁ PRESO E BEM LONGE.
JURO PELO MEU PAI!
SHERLOCK HOLMES.
VICTOR TREVOR...

MEU ANTIGO COLEGA DE QUARTO.
FIQUE FIRME ENQUANTO EU CORTO A CORDA, DOUTOR WATSON...
NÃO DEIXAREI QUE ELE SOFRA AINDA MAIS INDIGNIDADES SENDO COMIDA DAS RATAZANAS QUE INFESTAM ESTE ANTRO SUJO...
EU PODERIA SAIR SE VOCÊ QUISER FICAR UM MOMENTO A SÓS POR AQUI...
O QUE EU QUERO É QUE VOCÊ EXAMINE O CADÁVER EM BUSCA DE SINAIS DE VIOLÊNCIA.
ALGO QUE APONTE PARA UM ASSASSINATO OU QUALQUER CONDUTA ILEGAL CONTRA ELE.
E NÃO UMA RESPOSTA TÃO SIMPLES QUANTO SUICÍDIO!

SUÍCIDIO É O ÚLTIMO RECURSO PARA OS AMALDIÇOADOS OU CONDENADOS.
NÃO PARA ALGUÉM COM TANTA VIDA PELA FRENTE...
DURMA QUANDO ESTIVER MORTO, VICTOR!
O QUE É ISSO?
VÁ EMBORA...
FWAP
ARRUME-SE, MESTRE TREVOR.
SE NOS ATRASARMOS, ELA NOS MATARÁ.
SE FICAR NO SEU SONO ETERNO, PERDEREMOS UM PONTO POR DESLEIXO NO NOSSO RESTRITO CÍRCULO DE AMIGOS.

JÁ OUVI COISA MELHOR...
QUIETO!
NÃO PISQUEM!
DEIXE-A IR, HOLMES!
OU ELA IRÁ SE ATRASAR PARA SUA PRÓXIMA APRESENTAÇÃO!
SHERLOCK HOLMES...
MEU PAI, O JUIZ DE PAZ TREVOR.
O PRAZER É MEU, SENHOR.
VICTOR LHE TEM EM ALTÍSSIMA ESTIMA.
VENHAM, RAPAZES...
SACUDAM A POEIRA DA CIDADE E APROVEITEM A GENEROSIDADE DE DONNITHORPE!

BELO TIRO, HOLMES!
É ISSO AÍ!
PUXE!
VAMOS TER PEIXE FRESCO HOJE À NOITE!
HOLMES!
JUNTE-SE A NÓS PARA UMA GARRAFA DE VINHO DO PORTO NO GRAMADO!
ENTÃO, SHERLOCK...
MEU FILHO ME FALOU SOBRE OS SEUS DONS EXTRAORDINÁRIOS DE INVESTIGAÇÃO.
SOU UM EXCELENTE ASSUNTO, O QUE VOCÊ PODE DEDUZIR DE MIM?

TEMO QUE NÃO HAJA MUITO.
POSSO SUGERIR QUE VOCÊ TINHA MOTIVOS PARA TEMER UM ATAQUE PESSOAL NOS ÚLTIMOS DOZE MESES.
SUA BELA BENGALA TRAZ UMA INSCRIÇÃO QUE INDICA QUE VOCÊ NÃO PASSOU POR ISSO DURANTE MAIS DE UM ANO.
ENQUANTO OS FUROS NA CABEÇA E O ESFORÇO QUE VOCÊ FEZ PARA AUMENTAR O SEU PESO COM CHUMBO FAZEM DELA MAIS UM PORRETE DO QUE UM BASTÃO.
TAIS PRECAUÇÕES PARECEM MOVIDAS POR MEDO DE ALGUM PERIGO IMINENTE.
MAIS ALGUMA COISA?
VOCÊ ME DISSECA COMO SE ESTIVESSE DESCASCANDO UMA CEBOLA!
VOCÊ PASSOU MUITO TEMPO DA VIDA CAVANDO, JULGANDO PELAS CALOSIDADES EM SUAS MÃOS.
FIZ TODO O MEU DINHEIRO EM MINAS DE OURO.
A COLEÇÃO DE ARTE TRIBAL EM SUA BIBLIOTECA REVELA QUE VOCÊ ESTEVE NA NOVA ZELÂNDIA.
E QUE LUTOU BASTANTE EM SUA JUVENTUDE. COMO BOXEADOR E NÃO COMO AMADOR.
MEU NARIZ ESTÁ UM POUCO SURRADO E SEM FORMA PRECISA?
UM NARIZ AMASSADO MARCA UM HOMEM ACOSTUMADO COM SOCOS, NEM SEMPRE UM VENCEDOR, COM CERTEZA...
MAS SUAS ORELHAS ACHATADAS PERTENCEM A UM BOXEADOR.
MAIS ALGUMA COISA?
SOU UM PÚBLICO CATIVO.

VOCÊ JÁ FOI INTIMAMENTE ASSOCIADO A ALGUÉM CUJAS INICIAIS SÃO J. A. ...
DE QUEM, DEPOIS, FICOU ANSIOSO PARA SE ESQUECER TOTALMENTE.
EU...
EU...
PAI?
JUIZ TREVOR?
PAI!

⁼GASP⁼
ESPERO NÃO TER DITO NADA PARA *FERI-LO*, SENHOR.
EXAMINEI SEU BRAÇO EXPOSTO QUANDO VOCÊ SE ESTICOU PARA PUXAR AQUELA CARPA GRANDE NO BOTE ONTEM.
BEM, VOCÊ CERTAMENTE TOCOU EM UM PONTO MUITO SENSÍVEL. COMO CONSEGUIU...?
AS LETRAS TATUADAS NA DOBRA DO SEU COTOVELO AINDA ESTÃO LEGÍVEIS, APESAR DE ALGUNS ESFORÇOS QUE FORAM FEITOS PARA *APAGÁ-LAS*.
QUE *OLHO* ELE TEM, VICTOR!
COMO O BISTURI DE UM CIRURGIÃO!
TALVEZ *ISSO* SEJA O QUE EU DEVESSE TER USADO NESSAS MALDITAS LETRAS...
MAS NÃO VAMOS FALAR DISSO...
DE TODOS OS FANTASMAS, AQUELES DOS NOSSOS VELHOS AMORES SÃO OS *PIORES*...

E ENTÃO NOS RETIRAMOS PARA A SALA DE BILHAR PARA FUMAR.
MAS TODA A CORDIALIDADE QUE O VELHO TREVOR ME DISPENSOU ANTES DE DESMAIAR SEMPRE ESTEVE ENVOLTA POR SUSPEITA.
POR FAVOR, EXAMINE A CURVA NO COTOVELO DE VICTOR, DOUTOR WATSON.
PRA VER TATUAGENS?
NÃO...
PERFURAÇÕES. OS FALADOS VESTÍGIOS DE AGULHAS E SERINGAS USADAS COM FREQUÊNCIA.
POR ISSO, VOCÊ VISTORIOU AQUELA CASA DE ÓPIO...
VICTOR SE VOLTOU PARA OUTRAS FORMAS DE AJUDA ALÉM DA AMIZADE DEPOIS DAS NOTÍCIAS TRÁGICAS.
QUE NOTÍCIAS?
ESTOU ME ADIANTANDO.
COMO DISSE O JUIZ TREVOR, DE TODOS OS FANTASMAS...
OS DE NOSSOS VELHOS AMORES SÃO...
NOK NOK

INSPETOR- CHEFE?
É THATCHER, SENHOR!
O QUE FOI, THATCHER?
NÃO VENHA DIZER...
FOI OUTRO, SENHOR...
O OITAVO CÉSAR!
OTHO
"PERFURADO POR UMA FACA QUE ELE GUARDAVA DEBAIXO DA CAMA PARA SE PROTEGER."
UM PROFESSOR DA FACULDADE. DE FILOSOFIA, DISSE A VIÚVA.
TUDO LEVA A CRER QUE FOI SUICÍDIO, MAS ELA NÃO OUVIU NADA.
VÁ PARA O QUARTEL-GENERAL.
SÓ PRECISO PEGAR O CASACO E O CHAPÉU...
E MINHAS MALDITAS ROUPAS DE BAIXO TAMBÉM.
POSSO MUITO BEM DORMIR NA WHITEHALL 14 ATÉ ESSE MALUCO...

SER DETIDO?
COM QUATRO CÉSARES SOBRANDO?
QUEM ESTÁ AÍ?!
UGH!
UHHH...
HÁ UMA LIÇÃO IMPORTANTE A SER APRENDIDA AQUI, INSPETOR-CHEFE BRAXTON...
CLUD
OU POSSO CHAMÁ-LO DE *VITELLIUS?*
COM CERTEZA VOCÊ NÃO ESTÁ *SURPRESO* PELO FATO DE O CEIFADOR TER VINDO ATRÁS DE VOCÊ...

EU DEVIA TER SUSPEITADO...
QUE EU VIRIA...
VOCÊ DEVERIA SABER DISSO COM TODA A CERTEZA, SHERLOCK HOLMES.
EU... ESTOU PERDIDO...
TALVEZ VALHA FAZER UMA INTRODUÇÃO, HOLMES.
ESSA SERIA MAIS UMA DAS SUAS JOVENS CONHECIDAS?
MEU NOME É IRENE ADLER, MEU BOM SENHOR.
E SOU NOIVA DESSE HOMEM.

FWAP
FWAP
LARGUE O MEU PULSO!
UMA VEZ É SORTE, IRENE.
DUAS VEZES É COINCIDÊNCIA.
TRÊS VEZES É UM PADRÃO DE MÁ INTENÇÃO.

QUE TAL *ISSO* COMO RACIOCÍNIO DEDUTIVO?

FAÇA O FAVOR DE MANTER SUAS CALÇAS BEM FECHADAS, HOLMES.

ANO UM

PARTE 5: OBSERVANDO OS DETETIVES

ARTE: DANIEL INDRO

Indiscutivelmente,
o nono César foi
pessoal...
SPLUT
O QUE
É ISSO?
ONDE
DIABOS EU
ESTOU?!

COMO *VITELLIUS*, NONO CÉSAR DE ROMA, VOCÊ ESTÁ ENTRE OS SEUS SÚDITOS...
OS VILÕES DE LONDRES, SOBRE TODOS OS QUAIS VOCÊ SE IMPÔS COMO LORDE E ÁRBITRO DE SUA CONDUTA CRIMINAL E DE INCONTÁVEIS PECADOS!
PARA SIMPLIFICAR, E PERDOE PELA VULGARIDADE, INSPETOR BRATTON...
VOCÊ ESTÁ NA *MERDA*.
É POR ISSO QUE NOS CONVIDOU PARA CÁ?
PARA FAZER SEU TRABALHO SUJO?
MENOS, SENHOR NORFOLK...
MINHA INFÂMIA CRESCE A CADA CÉSAR QUE É ABATIDO E LEVADO À MORTE.
ENQUANTO VOCÊ *CAPITALIZOU* OS MEUS CRIMES PARA PODER ASSUMIR OS MALDITOS NEGÓCIOS DE BRYAN POR TODOS OS GUETOS DA CIDADE.
E QUEM EM NOME DE CRISTO É VOCÊ, SEU LOUCO?!

SERÁ QUE NÃO DEIXEI PISTAS SUFICIENTES?
SOU O PRÓXIMO REI DA INGLATERRA!

Quem lucra na morte?
Todos os fins são pessoais, e os efeitos não deixam nada além de falência do coração e do espírito.
ESSE É...?
VICTOR.
BEM?
BEM O QUÊ?

POSSO ENTENDER A FALTA DE MODOS DE MESTRE HOLMES DADA A SUA EDUCAÇÃO POUCO CONVENCIONAL.
MAS VOCÊ TEM TODA A CONDUTA DE UM SOLDADO APOSENTADO E DE UM CAVALHEI...
AH, ME LARGA!
SRTA. ADLER...
IRENE...
QUE SENTIDO HÁ EM ARRUMAR?
ALÉM DO QUÊ, VOCÊ CORRE O RISCO DE DESARRANJAR QUAISQUER PISTAS QUE POSSAMOS...
ENFIE SUAS PISTAS EM OUTRO LUGAR, HOLMES!
VICTOR ERA O SEU MELHOR...
SEU ÚNICO AMIGO!
E ELE MERECE PELO MENOS UMA ÚLTIMA DIGNIDADE NA MORTE...
ESPECIALMENTE DEPOIS DA VERGONHA QUE PASSOU SEGUINDO AS SUAS BRILHANTES DEDUÇÕES!
SRTA. ADLER, NÃO QUERÍAMOS UMA DESGRAÇA...
SOU UM MÉDICO E ESTAVA FAZENDO UMA AUTÓPSIA DO SENHOR...
DE VICTOR.
UMA AUTÓPSIA?
COM QUE FIM?
ELE JÁ NÃO RASTEJOU O SUFICIENTE PELA SARJETA?

POR FAVOR...
CHEGA...
VITELLIUS FOI COBERTO DE EXCREMENTO ANIMAL ANTES DE SUA MORTE.
VERGONHA ANTES DA REDENÇÃO.
POR QUÊ?
QUE PROPÓSITO HÁ NESSES ASSASSINATOS?!
CONSIDERE ISSO UM EXERCÍCIO DE APRENDIZADO, INSPETOR...
UM EXEMPLO PRÁTICO DE MORALIDADE...
A VERDADEIRA NATUREZA DO MAL.
AIEEEEEEEE!
POKPOKPOKPOKPOKPOKPOKPOKPOKP

PERDOE-ME, DOUTOR...?
JOHN WATSON, SRTA.
SOU EMPREGADO DA POLÍCIA.
UMA ESPÉCIE DE CONSULTOR, PODE-SE DIZER, NO MOMENTO TRABALHANDO COM O SENHOR HOLMES.
POUCO ANTES DA SUA CHEGADA, NÓS ESTÁVAMOS DISCUTINDO QUAL SERIA A POSSÍVEL RAZÃO DA MORTE DE VICTOR.
UMA DOSE EXCESSIVA DE ÓPIO, COMO EVIDENCIADO PELOS FUROS DE AGULHA EM SUA...
COMO ELE PROMETEU NA CARTA QUE ENVIOU.
UM BILHETE DE SUICIDA.
E SÓ POSSO DEDUZIR QUE ELE LHE ENVIOU UM TAMBÉM, SHERLOCK...
NÃO EM TANTAS PALAVRAS, IRENE...
caça ainda não terminou. O guarda Hudson, nós acreditamos, contou os animais; tudo conferiu.
NÃO ENTENDO...
ISSO É ALGUMA ESPÉCIE DE CÓDIGO?
"AH, O FAMOSO BILHETE..."
O COMEÇO DA QUEDA DE VICTOR.
SHERLOCK QUERIDO, VOCÊ NÃO REVELOU OS DETALHES SÓRDIDOS DO SEU PRIMEIRO CASO PARA O SEU "PARCEIRO" AQUI?

SUPONHO QUE ISSO NÃO FAÇA MAIS DIFERENÇA.
TODAVIA, A HISTÓRIA ACABA DO MESMO JEITO.
MAS ELA COMEÇA COM O *GLORIA SCOTT*, NÃO?
SRTA. ADLER, IMPORTA-SE DE SENTAR?
CREIO QUE A HISTÓRIA, COM CERTEZA, É ***COMPLICADA.***
VEJO QUE VOCÊ SE DEDICOU UM POUCO À ***VIVISSECÇÃO***, DOUTOR WATSON.
MINHA VIDA PASSADA FOI BEM EXPOSTA PELO... ***OFICIAL LESTRADE***, NÃO?
VOCÊ AINDA SERÁ UM ***DETETIVE.***
A HISTÓRIA DE VICTOR COMEÇOU DE FATO COM O *GLORIA SCOTT*, UM NAVIO-PRISÃO QUE SAIU DE FALMOUTH PARA A AUSTRÁLIA...

"MAS ISSO FOI NO ANO DE 1855, MUITO ANTES DO NASCIMENTO DE VICTOR. E O NAVIO JAMAIS CHEGOU AO SEU DESTINO."
"O PAI DE TREVOR ESTAVA NO MEIO DE UM MOTIM QUE TOMOU O GLORIA SCOTT E QUE REIVINDICAVA LIBERDADE. MAS NAQUELA ÉPOCA ELE ERA CONHECIDO PELO SEU NOME DE NASCENÇA, JAMES ARMITAGE."
"PARA SUA SORTE, ARMITAGE E UNS POUCOS E DESPREZÍVEIS SE RECUSARAM A ASSASSINAR A TRIPULAÇÃO A SANGUE FRIO E OPTARAM POR SE ARRISCAR EM ALTO-MAR COM UM PEQUENO BOTE."
"MAL SABIAM ELES QUE ESSA PEQUENA VIRTUDE, PELO MENOS NO QUE DIZ RESPEITO AO HOMICÍDIO, ACABARIA SALVANDO AS SUAS VIDAS."
"DIZEM QUE OS NAVIOS SÓ ESTÃO SEGUROS NO ANCORADOURO..."

"CONTUDO, PARA PODER NAVEGAR RUMO A DESTINOS NÃO TRAÇADOS – FIGURATIVA OU LITERALMENTE – SOBREVIVER É MAIS IMPORTANTE DO QUE QUALQUER MAPA."
"OS HOMENS VIRTUOSOS NAQUELE MUITO AFORTUNADO BOTE SÓ ENCONTRARAM UM ÚNICO SOBREVIVENTE..."
"E SÓ ELE SABIA A VERDADE POR TRÁS DO FIM EXPLOSIVO DO *GLORIA SCOTT*..."
"EM SUA PRESSA PARA TOMAR O BARCO, OS PRISIONEIROS HAVIAM IGNORADO UM TRIPULANTE DESESPERADO E APAVORADO QUE BUSCOU REFÚGIO NO PORÃO."
GUN POWDER
"OS ÂNIMOS SE INFLAMARAM, ASSIM COMO O SUPLEMENTO DE PÓLVORA DO NAVIO."

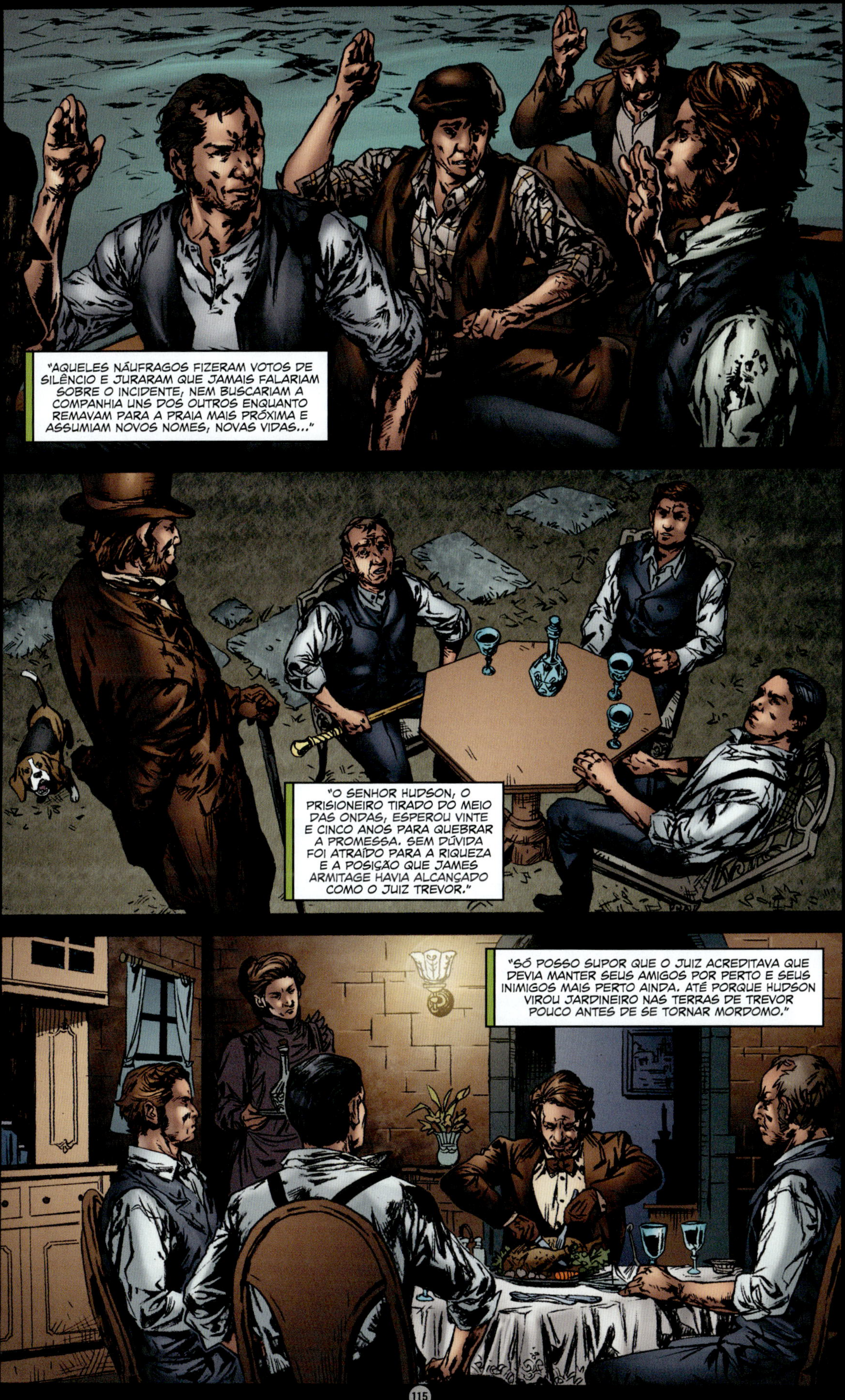
"AQUELES NÁUFRAGOS FIZERAM VOTOS DE SILÊNCIO E JURARAM QUE JAMAIS FALARIAM SOBRE O INCIDENTE, NEM BUSCARIAM A COMPANHIA UNS DOS OUTROS ENQUANTO REMAVAM PARA A PRAIA MAIS PRÓXIMA E ASSUMIAM NOVOS NOMES, NOVAS VIDAS..."
"O SENHOR HUDSON, O PRISIONEIRO TIRADO DO MEIO DAS ONDAS, ESPEROU VINTE E CINCO ANOS PARA QUEBRAR A PROMESSA. SEM DÚVIDA FOI ATRAÍDO PARA A RIQUEZA E A POSIÇÃO QUE JAMES ARMITAGE HAVIA ALCANÇADO COMO O JUIZ TREVOR."
"SÓ POSSO SUPOR QUE O JUIZ ACREDITAVA QUE DEVIA MANTER SEUS AMIGOS POR PERTO E SEUS INIMIGOS MAIS PERTO AINDA. ATÉ PORQUE HUDSON VIROU JARDINEIRO NAS TERRAS DE TREVOR POUCO ANTES DE SE TORNAR MORDOMO."

NO ENTANTO, ERA POUCO CONVENCIONAL TER O MORDOMO JANTANDO COM SEU PATRÃO NA MESMA MESA.
ERA ÓBVIO QUE O JUIZ TREVOR **TEMIA** HUDSON. MAS AO LONGO DA VIDA ELE SE RECUSOU A REVELAR TAIS PREOCUPAÇÕES PARA SEU ÚNICO FILHO, VICTOR.
ATÉ A CHEGADA DESSE BILHETE ENIGMÁTICO, IMAGINO.
DE FATO, DOUTOR.
"NO FIM DAS CONTAS, HUDSON PARTIU, POIS ESTAVA – EM SUAS PALAVRAS – **'CANSADO DE NORFOLK'**. NENHUM DOS SOBREVIVENTES DO *GLORIA SCOTT* SE ESFORÇOU PARA OCULTAR O RANCOR QUE SENTIAM UNS COM OS OUTROS OU COM O PRÓPRIO VICTOR, QUE COLOCARA AS MÃOS SOBRE O SUJEITO DEPOIS DE UMA DECLARAÇÃO INSOLENTE FEITA À JUSTIÇA."
BOA VIAGEM, HUDSON.
VOCÊ NÃO ESTÁ PARTINDO COM UM ESPÍRITO DE CRUELDADE, HUDSON, ESPERO.
NÃO RECEBI MINHAS **DESCULPAS**.
VOCÊS SÓ TIVERAM O PRAZER DA MINHA COMPANHIA **DUAS VEZES** NESTA OU EM QUALQUER OUTRA VIDA.
E PAGARIAM BEM PARA ME VER UMA **TERCEIRA** VEZ, NÃO?
"DEIXEI A MANSÃO DE TREVOR POUCO TEMPO DEPOIS PARA CUIDAR DE ASSUNTOS PARTICULARES. NO ENTANTO, EU PODIA VER AS PISTAS, A DESGRAÇA ESTAVA NO AR..."

"NOSSO FAMOSO BILHETE FOI ENVIADO POR UM CERTO SENHOR BEDDOES, OUTRO MEMBRO DA PEQUENA E SECRETA FRATERNIDADE DE REFUGIADOS DO GLORIA SCOTT."
"AS PALAVRAS NO PERGAMINHO ENVOLVIAM O JUIZ TREVOR."
PAI, O QUE HOUVE?
NÃO NÃO NÃO NÃO NÃO NÃO NÃO
PAI!
"ATÉ PALAVRAS PODEM MATAR, WATSON."
"O JUIZ TEVE UM DERRAME E SÓ RECUPEROU A CONSCIÊNCIA UMA VEZ..."

"TRAGICAMENTE, VICTOR LARGOU O PAI NA CAMA NAQUELE MOMENTO FINAL. UM CERTO DOUTOR FORDHAM REPETIU AS REVELAÇÕES QUE O JUIZ FEZ EM SEU LEITO DE MORTE..."
"ELE HAVIA CONFESSADO TUDO A VICTOR EM UMA CARTA ESCONDIDA NO MEIO DE OUTROS PAPÉIS DE SUA CÔMODA JAPONESA."
"PALAVRAS PODEM MATAR."
POR FAVOR, SHERLOCK...
USE SEU INTELECTO PRIVILEGIADO E ME DIGA QUE SIGNIFICADOS OCULTOS ESTÃO POR TRÁS DESTA CARTA VENENOSA!
"Eu a li e a reli. Examinei palavras, tanto em busca de significados literais quanto de simbólicos. Etimologia. Sinônimos e homônimos. O significado pré-arranjado do fraseado. Mas no âmago da coisa, foi a referência a Hudson que forneceu a chave para que eu decifrasse o mais simples dos códigos..."
VOCÊS PAGARIAM BEM PARA ME VER UMA TERCEIRA VEZ, NÃO?

UMA VEZ É SORTE.
DUAS VEZES É COINCIDÊNCIA.
TRÊS VEZES É UM PADRÃO DE MÁ INTENÇÃO.
"HUDSON RECORREU DE FATO A BEDDOES, PROVAVELMENTE TENTANDO RECRUTAR SEU COLEGA SOBREVIVENTE EM UM ESQUEMA PARA CHANTAGEAR O JUIZ TREVOR, POIS ESTE SE PERMITIU A TEMERIDADE DE PROSPERAR NOS ANOS QUE SE SEGUIRAM À EXPLOSÃO DO GLORIA SCOTT E AO SEU AFUNDAMENTO EM MEIO ÀS ONDAS DO PACÍFICO SUL."
"MAS BEDDOES ESTAVA ENTRE O SÉQUITO QUE PREFERIU DEIXAR O NAVIO A ASSASSINAR A TRIPULAÇÃO CAPTURADA. APESAR DA MÁXIMA BEM GASTA, TALVEZ HAJA HONRA ENTRE LADRÕES."
caça ainda não
terminou. O guarda
Hudson, nós
acreditamos, contou
os animais; tudo
conferiu. Agora
corra lá depressa e
se puder salve as
sua venda
lucrativa.
"E EU DEDUZIRIA QUE, ANTES DA CHEGADA DE HUDSON NAQUELE BOTE, APENAS POUCOS HOMENS, VERDADEIRAMENTE HONRADOS, FIZERAM O SEU PRÓPRIO PACTO. TALVEZ ELES TENHAM ESTABELECIDO O SEU PRÓPRIO CÓDIGO PARA QUE PUDESSEM RECONHECER SEU NÚMERO..."

O NÚMERO TRÊS!
A MENSAGEM ESTÁ EM CADA TERCEIRA PALAVRA!
A temporada de caça ainda não terminou. O guarda Hudson, nós acreditamos, contou os animais; tudo conferiu. Agora corra lá depressa e se puder salve as raposas; sua venda em vida é lucrativa.
SALVE SUA VIDA.
MAS ELE NÃO CONSEGUIU.
ACREDITO QUE O JUIZ TREVOR RELUTAVA EM DESISTIR DA VIDA LEGÍTIMA QUE TINHA E PELA QUAL TRABALHOU DURO, DEPOIS QUE O DESTINO OFERECEU UM MEIO DE ERRADICAR SEUS VELHOS PECADOS.
MAS ME DIGA...
O OFICIAL LESTRADE PARECIA CONHECER DETALHES SIGNIFICATIVOS DESSE CASO. QUAL ERA A PARTE DELE NISSO?
VICTOR TAMBÉM FALHOU...

"NÃO FOI SIMPLESMENTE MÁGOA..."
"O JUIZ TREVOR NÃO ERA O HOMEM QUE VICTOR CONHECIA. POR SUA VEZ, VICTOR PAROU DE ACREDITAR EM SI MESMO."
HUDSON, VOCÊ ESTÁ AQUI NO MEIO DESSA ESCÓRIA?!
"ELE RECORREU AO ÓPIO PARA ALIVIAR SUA DOR E COMEÇOU A TRAMAR UMA VINGANÇA CONTRA HUDSON, CASO PUDESSE ENCONTRÁ-LO. MAS TANTO BEDDOES QUANTO HUDSON DESAPARECERAM DA MESMA FORMA QUE SUMIRAM DOS REGISTROS DO POBRE GLORIA SCOTT."
"QUANTO AO MEU AMIGO, VOLTEI-ME PARA AUTORIDADES MAIORES PARA QUE O POLICIASSEM."
RESPONDA!
"O OFICIAL LESTRADE PROVOU SER UM ALIADO DISCRETO, RESPEITADO POR AMBOS OS LADOS DA LEI."
OBRIGADO, GUARDA.
SE É PARA AJUDAR, ESPERO UM RELATO COMPLETO DOS PROBLEMAS EM QUE O SENHOR TREVOR ESTÁ ENVOLVIDO.
UMA TROCA JUSTA.
FIZEMOS O NOSSO MELHOR...
NÃO É MESMO, IRENE?
MAS O CASO DO GLORIA SCOTT DESTRUIU ALGO DENTRO DE VICTOR QUE NÃO PODE SER REPARADO.
PALAVRAS PODEM MATAR.
AGORA POSSO INFORMAR A LESTRADE QUE ESTE CASO ESTÁ OFICIALMENTE SOLUCIONADO.
UM PRÍNCIPE CAIU...

"AGORA TUDO O QUE RESTA SÃO OS CÉSARES..."
EI, SEU GUARDA!
PENSE RÁPIDO!
HAWKES JOALHERIA
MEU DEUS...
INSPETOR BRATTON!
NÃO ADORMEÇA! VOCÊ PRECISA ME DIZER...
QUEM LHE FEZ ISSO?!
NINGUÉM...
NINGUÉM EM ESPECIAL...
UM PROFESSOR...

DA UNIVERSIDADE...
SENTI-ME COMO UM ALUNO NO MEIO DE UMA PESQUISA PARA UMA DISSERTAÇÃO MEDONHA.
SEM DÚVIDA QUE O ASSASSINO DOS DOZE CÉSARES TAMBÉM LEU SUETÔNIO.
OS ASSASSINATOS ECOAM O FIM DE CADA CÉSAR.
O PADRÃO FOI SOLUCIONADO, MAS NÃO O PLANEJADOR.
VOU SUPOR QUE A PORTA FICOU DESTRAVADA COMO SEMPRE, SHERLOCK.
HOLMES? UMA PALAVRA?
VOCÊ TEM MINHAS SINCERAS CONDOLÊNCIAS PELA MORTE DE SEU AMIGO.
MAS REALMENTE CREIO QUE PRECISAMOS INSISTIR NA DISCUSSÃO SOBRE OS MOTIVOS POR TRÁS DO LOUCO QUE ATERRORIZA LONDRES.
SEU PROFESSOR, O HOMEM QUE ME EMPRESTOU ESTE TOMO, PARECIA INTERESSADO NAS SUAS HABILIDADES PARA ARRANCAR DO ASSASSINO...
MEU PROFESSOR?
AIEEEEEEEE!
O NONO CÉSAR
VITTELIUS
Cui Bono?

¡IRENE!
LEVOU MUITO TEMPO, SHERLOCK...
MUITO PARA A SUA POMPOSA DESTREZA DEDUTIVA.
NO FIM, E SENDO BEM PRÁTICO, TIVE QUE DEIXAR A PISTA MAIS EVIDENTE BEM NA SUA PORTA.
EU FUI...
EU ESTAVA...
DISTRAÍDO.
CLUD
JÁ BASTA.
PAREM COM ESSA VIOLÊNCIA OU VOU RESOLVER DO MEU JEITO!
E POSSO GARANTIR QUE EU SOU CAMPEÃO DE TIRO.
ESTOU PAGANDO PARA VER, DOUTOR WATSON.
FILOSOFIA NÃO É A MINHA PRIMEIRA DISCIPLINA.
MINHA PRIMEIRA GRADUAÇÃO FOI EM MATEMÁTICA.
MAS NÃO PRECISO DE UM DIPLOMA PARA VER QUE VOCÊ E A SUA PISTOLA DE SEIS TIROS ESTÃO CLARAMENTE EM DESVANTAGEM.
VOCÊ!
PROFESSOR MORIARTY!

AGORA QUE DISPENSAMOS AS APRESENTAÇÕES, PODEMOS COMEÇAR A DISSERTAÇÃO?
A FALÊNCIA DE ROMA ERA *INEVITÁVEL.*
OS CÉSARES FORAM TOLOS E AS MASSAS ROMANAS AINDA MAIS POR TEREM SEGUIDO CEGAMENTE SUA SINA INATA.
A BRETANHA TERÁ O MESMO FIM SE SEUS CIDADÃOS INSISTIREM EM JURAR FIDELIDADE À REALEZA RELAPSA E SEUS PEÕES PARLAMENTARES EM DETRIMENTO ÀQUELES *MAIS* APTOS A GOVERNAR...
POR QUE SEGUIMOS OS MAIS *PODEROSOS* EM VEZ DOS MAIS *BEM-EDUCADOS?*
E OS DOIS SÃO MUTUAMENTE EXCLUSIVOS?
HOLMES, ACORDE...
É DESELEGANTE COCHILAR DURANTE UMA PALESTRA.
QUERO TODA A SUA ATENÇÃO...
BEM X MAL
VOCÊ PRECISA APRENDER *ALGO...*

SOU UM HOMEM DOS MAIS BEM-EDUCADOS.
MATEMÁTICA E FILOSOFIA.
E, RECENTEMENTE, *QUÍMICA*.
TAMBÉM SOU ALUNO DE HISTÓRIA.
NÃO APENAS ROMANA. BIZANTINA. SEMITA. OS AVANÇOS DOS GREGOS...
MEU DEUS, O QUE É ISSO, ALGUM TIPO DE VENENO?
NÃO. É *ELEMENTAR*, WATSON...
O PROFESSOR APRENDEU COMO FAZER *FOGO GREGO*.

ANO UM

PARTE 6: LONDRES QUEIMA, LONDRES QUEIMA...

ARTE: DANIEL INDRO

E chegamos ao final de um dos mais preocupantes.

Meu nome é John Hamish Watson, médico por profissão, ultimamente trabalhando em parceria com o jovem à minha direita: Sherlock Holmes. A dama entre nós é a srta. Irene Adler, noiva de Holmes.

E quanto à identidade do homem que agora encaramos?

MAS ESSE NÃO É O *FIM* QUE VOCÊ PLANEJOU, NÃO É MESMO?
OS DOZE CÉSARES FORAM PRECURSORES DE ALGUM ESTRATAGEMA *MAIOR.*
PENA QUE *NÃO* DEU CERTO.
GUARDE TAL PENSAMENTO, MESTRE HOLMES...
SENHOR HEGGS, PODE ME AJUDAR?
SIM, PROFESSOR.
O JOVEM SHERLOCK HOLMES ACREDITA QUE O MAL É UM COMPORTAMENTO *APRENDIDO.* UM ACÚMULO DE PECADOS QUE LEVAM A UMA MISTURA DE CONDUTAS ILEGAIS.
EU, POR OUTRO LADO, TENHO EM MIM QUE O MAL É *INERENTE.*
REDUZIDO À NOSSA ESSÊNCIA BÁSICA, COMO O MAIS INSTÁVEL DOS ELEMENTOS QUÍMICOS, SOMOS O QUE SOMOS DESDE QUE *NASCEMOS.*
BEBA ISSO.
P-POR QUÊ?
PARA PROVAR UM PONTO. O *PECADO ORIGINAL*, POR ASSIM DIZER...
NEM *SEMPRE* FUI UM HOMEM MAU, PROFESSOR...

BEM, NÃO É COMO SE ALGUM SUJEITO COLOCASSE UMA ARMA NA MINHA...
ENTÃO VOCÊ DIRIA QUE APRENDEU A SER MAU, HEGGS?
CLIK CLIK
CLIK CLIK
CLIK CLIK
CLIK CLIK
ISSO É LOUCURA!
O SENHOR NÃO TEM QUE TOMAR ESSA MISTURA REPULSIVA!
DE FATO, TENHO...
PREFIRO ME ARRISCAR COM UM RÁPIDO DRINQUE DO QUE COM MAIS BALAS QUE SOU CAPAZ DE CONTAR.
JURAMOS LEALDADE AO NOSSO CÉSAR.
E o mais rápido de todos...
Mercúrio...

Mercúrio, um dos elementos mais raros...
SKISH
De modo inverso, ele foi abundantemente prescrito no domínio de curandeiros como a solução para uma panóplia de enfermidades...
Apesar de sua grande toxicidade...
BEM X MAL
VOLTAREMOS A HEGGS DAQUI A POUCO...
CREIO QUE VOCÊ ESTAVA FORMULANDO UMA PERGUNTA, HOLMES...
EU ESTAVA PRESTES A INDAGÁ-LO SOBRE A BASE LÓGICA QUE FEZ COM QUE PARASSE...
LEVANTE A MÃO, GAROTO!
BEM X MAL
SMAK
AH!

EU *IA*, PROFESSOR...
MAS VOCÊ SABE MUITO BEM QUE AS CIRCUNSTÂNCIAS PRESENTES ME *IMPEDEM* DE HONRAR O DECORO DE COSTUME DA SUA SALA DE AULA...
AH, SIM...
SUPONHO QUE ESTA LIÇÃO SEGUIRÁ UM MÉTODO MENOS *CONVENCIONAL.*
O TEMPO É CURTO, *EM ESPECIAL* PARA O SENHOR HEGGS.
MORIARTY, EU PODERIA AJUDAR ESSE HOMEM!
VOCÊ PROVOU O SEU PONTO!
TODOS NÓS ADMITIREMOS QUE *VOCÊ* É O HOMEM MAIS INTELIGENTE NESTE RECINTO.
VOCÊ NÃO SABE *NADA* DE MIM, DOUTOR WATSON...
O QUE EU *QUERO...*
É O QUE ME É *DEVIDO.*

TUDO RECAI NOS DOZE CÉSARES...
NÃO É, PROFESSOR?
ESTAVA PRESTES A LHE PERGUNTAR POR QUE VOCÊ NÃO COMPLETOU SUA SÉRIE DE UMA DÚZIA...
OS ASSASSINATOS TÊM SENTIDO. UM PLANO.
E VOCÊ SÓ ACABOU DE DEDUZIR QUE OS TRÊS ÚLTIMOS CÉSARES – AS VÍTIMAS RESTANTES – ESTÃO DEBAIXO DESTE EXATO TETO.
O LIVRO, POR FAVOR...
A VIDA DOS DOZE CÉSARES DE SUETÔNIO FAZ UM REGISTRO DAS VIDAS SÓRDIDAS E DAS MORTES INQUESTIONAVELMENTE PRECOCES DOS DOZE IMPERADORES DA ROMA ANTIGA...
CAIO SUETÔNIO TRANQUILO
A VIDA DOS DOZE CÉSARES
MAS ELE NÃO É MERAMENTE UM REGISTRO HISTÓRICO.
ELE TAMBÉM PRENUNCIA O FUTURO.
VOCÊ PODE ME DIZER COMO TUDO TERMINA, HOLMES?

O DÉCIMO CÉSAR, VESPASIANO, FOI ENVENENADO. ELE TENTOU MORRER DE PÉ, MAS UMA DOENÇA RENAL O IMPEDIU DE REALIZAR SEU ÚLTIMO DESEJO.
VÔMITOS E UMA INCONTINÊNCIA PARALISANTE SÃO SINTOMAS DO HIDRARGIRISMO, QUE ACOMETE O SENHOR HEGGS NO MOMENTO...
ENVENENAMENTO POR MERCÚRIO.
O DÉCIMO PRIMEIRO CÉSAR, TITO, FILHO DE VESPASIANO, TAMBÉM FOI ENVENENADO.
SEU IRMÃO, DOMICIANO, O DÉCIMO SEGUNDO CÉSAR, É TIDO COMO O SEU ASSASSINO.
E O PRÓPRIO DOMICIANO MORREU NAS MÃOS DE CONSPIRADORES, ENTRE OS QUAIS A PRÓPRIA ESPOSA, DOMÍCIA LONGINA...
UMA IMPERATRIZ QUE DESCENDE DIRETAMENTE DO PRÓPRIO AUGUSTO CÉSAR, E O ÚLTIMO MEMBRO RESTANTE DA LINHAGEM JULIANA...
DOMÍCIA FORA APARTADA DE SEU IMPERADOR POR MUITOS ANOS DEPOIS DA MORTE DE SEU ÚNICO FILHO, ÚNICO HERDEIRO DAS GLÓRIAS DE ROMA.
MAS PENSE BEM...
E SE ESSA CRIANÇA NÃO TIVESSE PERECIDO?
E SE HOUVESSE UM DÉCIMO-TERCEIRO CÉSAR?
POR JÚPITER, SHERLOCK HOLMES!
VOCÊ RESOLVEU O MAIOR CRIME DA HISTÓRIA!

NINGUÉM PODE PROFESSAR FILOSOFIA COMO EU, E COM ALGUM SUCESSO, SEM TER SIDO UM ESTUDANTE.
NÃO... COMO ESPECIALISTA EM HISTÓRIA.
O VERDADEIRO DESTINO DO FILHO ÚNICO DE DOMICIANO NÃO ESTÁ EM JOGO AQUI...
A VIDA DOS DOZE CÉSARES
SUETÔNIO
"E SE ESSA CRIANÇA NÃO TIVESSE PERECIDO?"
"FILHO DE DOMICIANO, ÚLTIMO DOS CÉSARES FLAVIANOS..."
"MORTO POR UM DESCENDENTE DO PRIMEIRO, O CÍRCULO SE COMPLETA..."

"MAS É DISSO QUE SE TRATAM AS *TEORIAS DE CONSPIRAÇÃO...*"
"RARAMENTE HÁ ALGUM FIM QUE SE PAREÇA COM O QUE ALGUÉM POSSA CONSIDERAR COMO *ENCERRAMENTO...*"
"A HISTÓRIA RELATA QUE OS ASSIM CHAMADOS *'CINCO BONS IMPERADORES'* VIERAM DEPOIS DOS TIRANOS FLAVIANOS..."
"E NENHUM DELES APTO A SER O REI..."
"NÃO COMO O FILHO DE DOMICIANO..."
"OU O FILHO DE SEU FILHO E DEPOIS DISSO, SEMPRE VIGILANTE, SEMPRE PACIENTE..."

"SABENDO MUITO BEM O QUE ESTÁ À ESPERA DOS HERDEIROS DOS DOZE CÉSARES..."
MORITURI.
DO LATIM...
PARA AQUELES PRESTES A MORRER.
MORIARTY.
O HERDEIRO ESQUECIDO DE DOMÍCIA E DOMICIANO, PRESTES A DOMINAR UMA NOVA DINASTIA ROMANA.
COMEÇANDO COM ESTA TERRA AO NORTE DAQUELE QUE FOI UM GRANDE IMPÉRIO...
LONDINIUM.

ENTÃO É COMO VOCÊ ACREDITA...
O MAL NASCE PARA TAL.
MAS VOCÊ NÃO VAI ESCAPAR DESSA.
E POR QUE NÃO, HOLMES?
PORQUE, COMO EM TODAS AS SUAS PALESTRAS...
VOCÊ É MUITO PRETENSIOSO E NÃO DIZ NADA QUE FAÇA SENTIDO!

SEU INSOLENTE!
MEU DIREITO NATO NÃO SERÁ NEGADO!
PROFESSOR!
PODEROSO CÉSAR!
O QUE VOCÊ QUER QUE FAÇAMOS?
EU DEIXEI LONDRES TOMADA PELO MEDO, GAROTO!
MEU EXÉRCITO QUEIMARÁ A CIDADE ATÉ SUAS FUNDAÇÕES!
E DEPOIS TEREI *TUDO* O QUE QUISER!
ROMA *TEVE* OS SEUS DIAS, PROFESSOR.
E QUALQUER ESPECIALISTA VERDADEIRAMENTE DINÁSTICO E DE PENSAMENTO RÁPIDO ACEITARIA QUE O *PRÓXIMO* GRANDE IMPÉRIO...
ESTÁ SE ERGUENDO NO EXTREMO ORIENTE!

O FOGO!
BRINQUE COM ELE E VOCÊ VAI ACABAR SE *QUEIMANDO*, SEU IMBECIL...
DOUTOR WATSON, ESTAMOS INDEFESOS!
NÃO TANTO QUANTO VOCÊ PENSA, SRTA. ADLER.
JÁ PRATIQUEI A MEDICINA SOB FORTE ARTILHARIA.
TODO CIRURGIÃO QUE PENSA RÁPIDO SEMPRE CARREGA UMA *FACA*, GERALMENTE NOS LUGARES MENOS SUSPEITOS...
ALGUÉM ATIRE NESSE RAPAZ MALDITO!
BEM X MAL

CÉSAR!
O FOGO GREGO!
ALGUMAS DAS JARRAS NÃO SE QUEBRARAM, SEUS IDIOTAS!
PEGUEM O QUE PUDEREM CARREGAR E ATAQUEM OS ALVOS PRÉ-DEFINIDOS!
O EXÉRCITO DE INSURGÊNCIA DEVE PRIMEIRO DESPERTAR O TERROR EM SEUS INIMIGOS!

MORIARTY!
VOCÊ SE ESQUECEU DE UMA!
KRISH
AIEEEEEE!

NÃO ESTÁ TÃO RUIM...
MAS SUAS QUEIMADURAS FICARÃO CONSIDERAVELMENTE PIORES SE NÃO FUGIRMOS DESTE LOCAL!
AGORA, SHERLOCK!
ESSAS CHAMAS VERDES E INFERNAIS ESTÃO ENTRE NÓS E A ÚNICA SAÍDA, HOLMES!
A ÚNICA SAÍDA CONVENCIONAL, DOUTOR...
MAS COMO O PROFESSOR NOS ENSINOU...
AS CIRCUNSTÂNCIAS PRESENTES EXIGEM MÉTODOS MENOS CONVENCIONAIS SE QUISERMOS ESCAPAR!
KRASH
PEGUE NOSSAS CORDAS, AMARRE-AS UMAS NAS OUTRAS E DESÇA EM SEGURANÇA.
AVISE LESTRADE SOBRE O FOGO GREGO. AS CHAMAS DEVEM SER ABAFADAS E NÃO APAGADAS COM ÁGUA.
E MAIS UMA COISA...

CUIDE BEM DELA, SENHOR WATSON.
NEM PRECISAVA FALAR, SENHOR HOLMES.
No calor da batalha, vi alguns minutos virando horas intermináveis...
O tempo queima a vela em ambas as pontas...
Pois todos iremos morrer um dia...

Alguns antes dos outros...
DÊ-ME A ADAGA.
ESSA É UMA PEÇA DE HERANÇA, ENTENDE?
VENHA PEGÁ-LA.
EM OUTRO DIA, DETETIVE...
OUTRO DIA!
KRISH
Ele tem poucos amigos, esse detetive determinado...
Mas talvez ele possa admitir mais um.
VOCÊ O OUVIU, HOLMES.
OUTRO DIA.

Eu observei esse detetive
e o analisei um pouco mais...

HOLMES!
QUANDO VOCÊ IRÁ SE PORTAR COMO UM CAVALHEIRO E DESPOSAR ESSA MOÇA?
NÃO TENHO PISTAS, STAMFORD...
E NÃO TINHA IDEIA DE QUE CONHECIAM UM AO OUTRO.
TALVEZ EU DEVA ME JUNTAR A VOCÊS EM SEUS APOSENTOS PARA FORMARMOS UM TRIO!
EU E O DOUTOR ENCARAMOS A VIDA E A MORTE JUNTOS...
NÃO FAÇAMOS DISSO UM HÁBITO, COMBINADO?
EU TENHO CERTAS CONDIÇÕES, COMEÇANDO COM UMA MÚTUA CONSIDERAÇÃO...
HOLMES!
WATSON!
INSPETOR LESTRADE.
VESTINDO O DISTINTIVO TÃO CEDO...
HOUVE UM ASSASSINATO...

MARQUE MINHAS PALAVRAS.
APOSTO UM SALÁRIO QUE, QUANDO TUDO ISSO ESTIVER RESOLVIDO, UMA MULHER CHAMADA RACHEL ESTARÁ ENVOLVIDA.
HMMM...
VENENO?
SEM DÚVIDA.
NÃO HÁ FERIMENTOS NO CORPO, CONTUDO HÁ MANCHAS DE SANGUE POR TODA PARTE...
A PALIDEZ DO CORPO INDICA QUE SE TRATA DE UMA MORTE RECENTE, QUE SE DEU HÁ POUCAS HORAS...
O INSPETOR GREGSON ENCONTROU O ANEL DE CASAMENTO DE UMA MULHER DENTRO DE SUAS ROUPAS DOBRADAS. ISSO COMPLICA A COISA AINDA MAIS...
TALVEZ VENHA ATÉ A SIMPLIFICAR...

Nesse estranho caso, (nem) o primeiro que ele resolve na minha presença (nem o último), Sherlock Holmes realizou um dos maiores feitos de dedução que doravante ficaria conhecido como...

UM ESTUDO EM VERMELHO

ANO UM

GALERIA DE CAPAS • ARTE DE DANIEL INDRO

PIXEL

DIRETORIA: JORGE CARNEIRO E ROGÉRIO VENTURA
COORDENAÇÃO EDITORIAL: ELIANA RINALDI
DIREÇÃO DE ARTE: TÉLIO NAVEGA
MARKETING: EVERSON CHAVES
COMERCIAL: THIAGO NAVEGANTES

TRADUÇÃO: HEITOR PITOMBO
REVISÃO: DALVA CORRÊA, MARIA FLAVIA DOS REIS E MARTA CATALDO
LETREIRAMENTO: STUDIO DELREY
CAPA: JEFFERSON GOMES

EDITORA NOVA FRONTEIRA PARTICIPAÇÕES S/A
RUA CANDELÁRIA, 60 - 7º ANDAR - CENTRO,

DYNAMITE®

NICK BARRUCCI, PRESIDENTE EXECUTIVO / EDITOR
JUAN COLLADO, PRESIDENTE / DIRETOR DE OPERAÇÕES
BRANDON DANTE PRIMAVERA, VICE-PRESIDENTE DE TECNOLOGIA E OPERAÇÕES
RICH YOUNG, DIRETOR DE DESENVOLVIMENTO DE NEGÓCIOS

JOE RYBANDT, EDITOR EXECUTIVO
MATT IDELSON, EDITOR SÊNIOR
ANTHONY MARQUES, EDITOR ASSOCIADO
KEVIN KETNER, EDITOR ASSOCIADO

GEOFF HARKINS, DIRETOR DE CRIAÇÃO
CATHLEEN HEARD, DESIGNER GRÁFICO SÊNIOR
ALEXIS PERSSON, DESIGNER GRÁFICO
CHRIS CANIANO, PRODUTOR DIGITAL
RACHEL KILBURY, PRODUTOR DE MÍDIA DIGITAL

ALAN PAYNE, VICE-PRESIDENTE DE MARKETING E VENDAS
PAT O'CONNELL, GERENTE DE VENDAS
AMY JACKSON, ASSISTENTE ADMINISTRATIVO

CONTÉM MATERIAL ORIGINALMENTE PUBLICADO EM SHERLOCK HOLMES #1-6 (YEAR ONE).
PUBLICADO ORIGINALMENTE POR DYNAMITE ENTERTAINMENT,
113 GAITHER DR., STE 205, MT. LAUREL, NJ 08054.